# VISITA ÀS CASAS DE FREUD
# E OUTRAS VIAGENS

*CONSELHO EDITORIAL*
André Luiz V. da Costa e Silva
Cecilia Consolo
Dijon De Moraes
Jarbas Vargas Nascimento
Luís Augusto Barbosa Cortez
Marco Aurélio Cremasco
Rogerio Lerner

**Blucher**

# VISITA ÀS CASAS DE FREUD E OUTRAS VIAGENS

Sérgio Telles

2ª edição

*Visita às casas de Freud e outras viagens*, 2ª edição
© 2023 Sérgio Telles
Editora Edgard Blücher Ltda.

*Publisher* Edgard Blücher
*Editores* Eduardo Blücher e Jonatas Eliakim
*Coordenação editorial* Andressa Lira
*Produção editorial* Luana Negraes
*Preparação de texto* Maurício Katayama
*Diagramação* Negrito Produção Editorial
*Revisão de texto* MPMB
*Capa* Leandro Cunha
*Imagem da capa* iStockphoto

# Blucher

Rua Pedroso Alvarenga, 1245, 4º andar
04531-934 – São Paulo – SP – Brasil
Tel.: 55 11 3078-5366
contato@blucher.com.br
www.blucher.com.br

Segundo o Novo Acordo Ortográfico, conforme
6. ed. do *Vocabulário Ortográfico da Língua
Portuguesa*, Academia Brasileira de Letras,
julho de 2021.
É proibida a reprodução total ou parcial por
quaisquer meios sem autorização escrita da
editora.

Todos os direitos reservados pela Editora Edgard
Blücher Ltda.

Dados Internacionais de Catalogação na Publicação (CIP)
Angélica Ilacqua CRB-8/7057

Telles, Sérgio

Visita às casas de Freud e outras viagens /
Sérgio Telles. – 2. ed. – São Paulo : Blucher, 2023.

230 p.

Bibliografia

ISBN 978-65-5506-741-5

1. Crônicas brasileiras I. Título.

23-1734                 CDD B869.93

Índice para catálogo sistemático:
1. Crônicas brasileiras

# Conteúdo

O nome de Vincent Van Gogh: algumas especulações
sobre o desejo da mãe e o suicídio     7

A compulsão à repetição em Tchekhov     15

O *Horlá*: considerações sobre a constituição do sujeito     19

Pare no D: algumas ideias sobre *Esaú e Jacó* e *Memorial de Aires*     35

Spencer Tunick e seus corpos nus     57

Munch no porta-joias freudiano     61

O que está em jogo no esporte?     67

O desejo em Santa Teresa d'Ávila e em Freud     71

Espelho, espelhos     79

6 CONTEÚDO

A psicose em *O céu que nos protege* (*The sheltering sky*),
de Paul Bowles 89

Uma leitura de *Duas damas bem-comportadas*,
de Jane Bowles 97

Canibalismo 109

Considerações sobre a nudez a partir das fotos da tortura
no Iraque 115

De novo e sempre, o mal-estar na cultura 125

*Alétheia*, *Doxa* e *Episteme*: onde se esconde a verdade
no discurso dos políticos 145

Visita às casas de Freud: uma ficção freudiana 153

O dom de falar línguas: sobre a glossolalia 169

No enterro de Escobar: a importância da culpa em
*Dom Casmurro*, de Machado de Assis 199

A perplexidade de Alice 211

Posfácio 225
*Chaim Katz*

# O nome de Vincent Van Gogh: algumas especulações sobre o desejo da mãe e o suicídio

Van Gogh, que se suicidou aos 37 anos em 29 de julho de 1890, ergue-se atualmente como o maior mestre holandês depois de Rembrandt. É reconhecido como uma das maiores forças impulsionadora da arte moderna, através da poderosa influência que exerceu sobre o expressionismo.

Como protótipo do gênio incompreendido, Van Gogh morreu pobre e desconhecido. Enquanto vivo, vendeu apenas um de seus mais de oitocentos óleos e setecentos desenhos. De sua participação com algumas telas no Salão dos Independentes de Paris, em 1888 e 1890, e de sua única exposição individual – em Bruxelas – mereceu somente um artigo crítico na imprensa. Sua fama – impulsionada por seus amigos pintores – começou a se impor muito mais tarde, no início do século XX.

David Sweetman[1] discute as circunstâncias do suicídio de Van Gogh, atribuindo-o à irresponsabilidade e inconsequência de seu médico, doutor Gachet. Sweetman diz que, após se automutilar,

---

1 Sweetman, D. (1990). *Van Gogh: his life and his art*. Crown Publishers.

cortando a orelha, Van Gogh foi internado no Asilo de Saint-Rémy, onde foi diagnosticado de "epilepsia hereditária", agravada por "excesso de trabalho e álcool". Dali foi levado para Auvers-sur-Oise, pelo irmão Theo, para ser cuidado pelo dr. Gachet.

Doutor Gachet era uma figura excêntrica. Vestia-se de forma pouco convencional e consta que seu consultório parecia um macabro laboratório de alquimista, decorado que era com máscaras mortuárias de criminosos guilhotinados. Lançava mão de práticas discutíveis para os padrões da época, especialmente no que dizia respeito à cirurgia. Enquanto estudante não conseguira dissecar cadáveres e se graduara com uma tese sobre melancolia. Era pintor amador e gravurista. Na ocasião em que recebeu Van Gogh, aos 61 anos, colecionava pintores de vanguarda (os impressionistas) e se interessava pelo então nascente estudo das doenças mentais. Devido a tais características, era considerado habilitado para tratar pessoas criativas. Artistas como Pissaro e Cézanne foram seus pacientes.

Van Gogh melhorara muito ao sair de Saint-Rémy. Estava num período de plena efervescência criativa, pintando um quadro por dia. Doutor Gachet desde o início demonstrara pouco interesse pelo novo paciente, achando que ele necessitava apenas de aconselhamento, que ele deu de forma precária e em poucas ocasiões.

Antes de chegar a Auvers-sur-Oise, Van Gogh já havia tentado por três vezes o suicídio: a primeira, dois anos antes, quando cortou a orelha; depois, ao tentar por duas vezes envenenar-se com a ingestão de tinta e solventes. Sob os cuidados de doutor Gachet, fez a quarta tentativa, dando-se um tiro no peito, no dia 27 de julho. A bala atravessou o tórax, alojando-se na coluna, sem atingir nenhum órgão ou vaso sanguíneo importante.

Doutor Gachet, que aparentemente não dera muita importância às tentativas anteriores, mesmo então, após o tiro, manteve uma atitude inexplicável: permitiu a Van Gogh permanecer em posse do revólver, como se tolerasse a possibilidade de seu suicídio, que efetivamente ocorreu no dia seguinte, quando Van Gogh se deu um novo tiro.

Em relação ao primeiro, Gachet não tomara providência alguma, alegando que nenhum cirurgião tiraria bala tão profundamente instalada. Sweetman supõe que ele provavelmente ignorava os avanços já alcançados pela cirurgia naquele momento. Paul Gachet, filho do médico, escreveu em suas memórias que o pai não achara necessário tomar nenhuma atitude por acreditar que nada poderia ser feito, a não ser torcer por uma recuperação milagrosa, o que não ocorreu, uma vez que logo apareceram sinais de infecção.

Podemos imaginar que a atitude de descuido, a avaliação incorreta da gravidade do quadro de Van Gogh dever-se-iam não só ao despreparo médico de Gachet, mas também a uma reação contratransferencial negativa frente a seu paciente, uma recusa em ajudá-lo. Podemos também especular até que ponto um gravurista e pintor amador – como o era Gachet – não se sentiria acachapado frente a um verdadeiro gênio. Até que ponto a inveja, a competição e a rivalidade não teriam determinado esse desfecho?

Sweetman acredita que a última fase do pintor em Auvers-sur--Oise não é expressão de sua doença. Pelo contrário, seria uma "doação de saúde e força espiritual". Van Gogh não teria contaminado as telas com sua loucura, e sim lutado para afastá-la de si e de sua obra.

Não deixa de ser irônico lembrarmos que o retrato do dr. Gachet, pintado por Van Gogh justamente naquela época, foi vendido em 15 de maio de 1990 para o industrial japonês Ryoei Sato, pela astronômica soma de 82,5 milhões de dólares, cifra até então nunca atingida por uma tela no mercado de arte.

10 O NOME DE VINCENT VAN GOGH

Sweetman acrescenta dados que são de grande interesse. Quinze dias antes do suicídio, Van Gogh recebeu de Paris uma carta do irmão Theo, na qual ele dizia que seu filhinho Vincent Willem – cujo nome era uma homenagem ao tio – estava seriamente doente. Ora, Van Gogh não poderia ter esquecido que o primeiro filho de seus pais, o irmão que o antecederia e que se chamaria Vincent Willem, nascera morto e que ele próprio nasceu exatamente no mesmo dia, um ano após sua morte, e, por isso, recebera esse nome em homenagem a ele, o morto. O pensamento de que agora outro Vincent Willem, seu sobrinho, estava com a saúde muito debilitada poderia ter complicado ainda mais o instável estado do pintor.

Essa hipótese levantada pelo biógrafo faz muito sentido dentro de uma perspectiva psicanalítica, pois tal acontecimento poderia ter atualizado e agudizado um impasse central na vida de Van Gogh, apontando para um profundo conflito em sua identidade. Tal conflito decorre do fato de *ocupar ele o lugar de um outro, de um morto, de ser ele o representante do desejo materno de negar a morte de um outro filho.* Isso significa que, nessas circunstâncias, a mãe jamais reconhece e legitima esse filho em sua singularidade.

Esse aspecto da vida de Van Gogh aproxima-se muito do caso Pierre-Marie, descrito por Serge Leclaire.[2]

Pierre-Marie, o paciente, também recebera seu nome em homenagem a um irmão morto, de nome Pierre e em honra da Virgem Maria. Ora, tal fato não é nada simples. Evidencia a impossibilidade de sua mãe realizar o trabalho de luto pela morte do primeiro filho, a tentativa de negar a morte dele. Isso faz com que, diz Leclaire, Pierre-Marie seja uma

---

2 Leclaire, S. (1977). Pierre-Marie ou sobre a criança. In *Mata-se uma criança: um estudo sobre o narcisismo primário e a pulsão de morte* (pp. 7-23). Zahar.

*figura não articulada do desejo de sua mãe . . . [uma] criança destinada por sua mãe à imortalidade, antes mesmo de ter nascido, ocupando o lugar de seu irmão morto; ele queima como a chama que brilha em sinal do luto por seu irmão, destinada a nunca mais se pagar. (Leclaire, 1977, pp. 7-23)*

Pierre-Marie procura a análise por causa de suas tendências suicidas, pelo desejo de se matar. Leclaire entende tais fantasias como expressão do desejo e da necessidade de matar a "criança maravilhosa", expressão e representação do desejo materno, imagem na qual Pierre-Marie está aprisionado e cuja "morte" é absolutamente necessária para que ele possa viver.

Leclaire chama esta representação privilegiada de "representante narcísico primário" e acha ser esta uma das tarefas mais importantes do analista – o perpetrar a morte desta "criança":

*A prática psicanalítica consiste em tornar manifesto o trabalho constante de uma força de morte, esta que consiste em matar a criança maravilhosa (ou aterrorizante) que, de geração em geração, testemunha acerca dos sonhos e desejos dos pais; só há vida a esse preço, pela morte da imagem primeira, estranha, na qual se inscreve o nascimento de cada um. Morte irrealizável, mas necessária, pois não há vida possível, vida de desejo, de criação, se cessarmos de matar a criança maravilhosa que renasce sempre. (Leclaire, 1977, p. 10, grifos do autor)*

No caso de Pierre-Marie e, supostamente, no de Van Gogh, o desejo materno é claro, transparente, até certo ponto consciente: substituir um filho morto, negar o luto, muito embora tal desejo

O NOME DE VINCENT VAN GOGH

deva ter prolongamentos inconscientes que explicariam a impossibilidade de elaboração do luto. Que fantasias estariam depositadas naquele primeiro filho, das quais a mãe não pode abdicar?

Mas isso que aparece com relativa nitidez nesses dois casos não é a exceção, e sim a regra, é a maneira específica da estruturação própria de cada sujeito. Diz Leclaire (1977):

> *Mesmo que não exista na história familiar um irmão morto, há sempre no desejo dos pais alguma perda à qual não puderam resignar-se – seja ela a de seus próprios sonhos infantis –, e sua progenitura será sempre e antes de tudo o suporte excelente e privilegiado daquilo a que eles tiveram de renunciar. (p. 20)*

Dizendo de outro modo, as crianças nascem imersas dentro do campo dos desejos e fantasias inconscientes dos pais, são de imediato deles depositárias e é justamente esse desejo materno-paterno o material constitutivo do núcleo mais inacessível de seus inconscientes. É, como já vimos, a isso que Leclaire chama de "representante narcísico primário". É somente "destruindo", via análise, esses representantes narcísicos primários, esses avatares do desejo dos pais, que o sujeito pode assumir seu próprio desejo, viver sua própria vida.

Não que isso seja fácil, pois o próprio sujeito se estrutura e organiza em torno destes representantes narcísicos primários, "significante dirigente que define o desejo da mãe", que vai constituir "uma representação inconsciente propriamente dita", cujo acesso é muito difícil,

> *tanto mais difícil (ou mesmo impossível) de ser apreendida e nomeada, uma vez que se encontra inscrita no*

*inconsciente de um outro, simples, dupla ou múltipla, isto é, no desejo daqueles que conceberam ou viram nascer a criança. (Leclaire, 1977, p. 18)*

Mas é justamente esta tarefa "impossível" que a psicanálise se dispõe a enfrentar – desentranhar o sujeito do desejo do Outro, embora este desejo do Outro seja o que com mais precisão o constitui, seja o seu cerne alienado, confuso e perdido.

Quem sabe, Van Gogh não conseguiu discriminar, em suas fantasias suicidas, o que havia de legítimo em seu desejo de viver, de se desembaraçar da "criança maravilhosa" do desejo de sua mãe, de matar essa "criança" para efetivamente viver, e essa confusão custou-lhe a própria vida.

Pierre-Marie teve mais sorte e a presença de um analista – Leclaire – foi imprescindível para o bom desfecho de sua travessia.

# A compulsão à repetição em Tchekhov[1]

Tchekhov tem um pequeno conto de duas páginas e meia, intitulado *Do diário de um auxiliar de guarda-livros*.[2] Como diz o título, o conto consta de oito anotações feitas no diário de um pequeno burocrata, registradas irregularmente no correr de 23 anos. A primeira data do ano de 1863, e a última, de 1886.

O conto tem uma estrutura clara e definida. As oito entradas são praticamente iguais, construídas segundo um mesmo modelo de três parágrafos.

No primeiro parágrafo anuncia-se que Glótkin, o guarda-livros chefe, sexagenário, está doente, e o autor das anotações do diário – o narrador – se congratula com a doença do chefe, imaginando sua morte, o que permitiria sua ascensão na estrutura do serviço público, pois está implícito que se trata de um cargo vitalício. O segundo parágrafo refere-se a um colega, Klechchóv, que está sempre

---

1  Publicado no *Jornal da Tarde*, Caderno SP, 7 de janeiro de 1995.
2  Tchekhov, A. (1995). *A dama do cachorrinho e outros contos* (2a ed., p. 29). Max Limonad.

16 A COMPULSÃO À REPETIÇÃO EM TCHEKHOV

fazendo algo errado, censurável, pelo qual é habitualmente punido. E o terceiro parágrafo relata uma pequena doença do autor do diário, ou seja, do narrador.

A sétima entrada informa que morreu Glótkin e, contrariando todas as expectativas do narrador, outro funcionário – um certo Tchálikof, "recomendado por sua tia, casada com um general" – fora indicado para o cargo.

A oitava anotação repete a primeira. Tal como 23 anos antes, o narrador, mais uma vez, fica torcendo para que o atual chefe Tchálikof morra para poder ocupar seu cargo. Klechchóv continua provocando escândalos e merecendo punições, enquanto ele, o narrador, permanece padecendo de pequenas doenças.

Nessas duas páginas e meia, Tchekhov dá mostras da extraordinária compreensão dos mecanismos psíquicos inconscientes que regem o destino humano. Neste curto conto, mostra, de forma concisa e esteticamente primorosa, um aspecto central dos desejos humanos – aqueles centrados no complexo de Édipo. O narrador, ao desejar a morte do chefe para ocupar seu cargo, está expressando sua conflitiva edipiana de desejo da morte do pai, deslocada para este claro substituto paterno – o chefe. Tal desejo de morte desencadeia a culpa e a necessidade de punição, imediatamente projetadas sobre o colega Klechchóv. Mesmo assim, não consegue se livrar por completo da culpa; ela persiste, manifestando-se através de sua queixa permanente de estar doente. Ou seja, o narrador se pune com o sofrimento autoimposto de doenças imaginárias.

Podemos pensar que são seus desejos da morte do pai e a culpa daí advinda o que – de fato – o impede de ascender ao lugar de chefe, o lugar que – em sua fantasia – é o do pai, como se evidencia no conto. Tal ascensão fica sendo um desejo censurado e de impossível realização e, por isso mesmo, recorrente.

O fato de que esse desejo se mantenha inalterado por 23 anos, independente de quem ocupa o lugar do chefe – morre Glótkin e todo o processo se reinicia com seu substituto Tchálikof –, mostra não só uma vertente da estrutura do conflito edipiano, mas um outro aspecto do inconsciente – a compulsão à repetição, corolário da atemporalidade, acronicidade dos desejos reprimidos, da viscosidade da libido.

É a compulsão à repetição a armadilha de aço que nos prende por toda a existência, fazendo-nos repetir vida afora padrões de relacionamento e modos de ser estabelecidos na mais remota infância, impossibilitando-nos de viver de acordo com o momento presente.

Cito este exemplo de Tchekhov em *Do diário de um auxiliar de guarda-livros*, como poderia ter escolhido qualquer outro em inúmeras obras literárias, para ilustrar aquilo que Freud falava dos escritores, nos quais reconhecia seus precursores pela capacidade de intuírem as grandes verdades do desejo e da estrutura inconscientes e pela capacidade de exprimi-las em obras de arte, ao invés de fazê-lo através de sintomas psíquicos, como ocorre com a maioria dos meros mortais.

A relação de Freud com os escritos literários tem como paradigma o uso que fez de *Édipo Rei*, de Sófocles, em que o dramaturgo grego descreve com força e arte o momento constitutivo fundamental do ser humano.

# O *Horlá*: considerações sobre a constituição do sujeito[1]

Reconhecido como o maior contista francês, autor de romances naturalistas, Guy de Maupassant (1850-1893) escreveu *O Horlá* em 1886, tido por muitos como o primeiro conto fantástico da literatura francesa.

Sob a forma de diário, que cobre o período de 8 de maio a 10 de setembro, *O Horlá* fala da experiência de um homem que se vê perseguido e possuído por um ser desconhecido e invisível, um Outro que termina por aliená-lo completamente, fazendo-o perder sua própria identidade.

O narrador, na primeira pessoa, abre o diário assim:

*8 de maio – Que dia glorioso! Passei a manhã estendido na erva diante de casa, debaixo do enorme plátano que a cobre, a abriga e afaga por inteiro. Adoro esta região, e gosto de cá viver porque é aqui que tenho as minhas raízes, essas profundas e delicadas raízes, que prendem*

---

1 Publicado no *Jornal da Tarde*, Caderno SP, 7 de janeiro de 1995.

20    O HORLÁ

> *um homem à terra onde os avós nasceram e morreram,*
> *que o prendem ao que se pensa e ao que se come, aos*
> *usos e costumes, às locuções locais, às entonações dos*
> *camponeses e aos cheiros do solo, das aldeias e do pró-*
> *prio ar. Gosto da casa onde cresci. Das janelas, vejo o*
> *Sena passar ao longo do jardim, do outro lado da estra-*
> *da, quase dentro de minha propriedade – esse grande*
> *e largo Sena que vai de Ruão até ao Havre, guarnecido*
> *de barcos de velas enfunadas.*[2]

O narrador deixa claras aí as raízes de sua identidade, sua ligação profunda com a terra, com o povo, a casa, estabelecida e fixada ancestralmente pelos avós.

Dois parágrafos depois, lemos:

> *Por volta das onze, uma enfiada de barcos puxados por*
> *um rebocador . . . passou diante do meu gradeamento.*
> *Na cauda, vinham dois veleiros ingleses, cujo pavilhão*
> *vermelho relampejava no céu, logo seguidos de um es-*
> *plêndido iate brasileiro, de três mastros, todo branco e*
> *reluzente. Tão grande foi o meu agrado que, sem saber*
> *por que, o saudei.*

Frente ao quadro de fixação, ligação, estabilidade, contrapõe-se a água, o Sena em perpétuo movimento, porta aberta para o mundo, para o Outro, o estranho, os ingleses e até mesmo os brasileiros – a quintessência do exótico, do não familiar.

A partir deste momento, o narrador passa a se sentir mal. É tomado por medos imotivados, febres, angústias descabidas.

---

2   Maupassant, G. (1987). *O Horlá*. Difel.

Sente-se incapaz de realizar seus afazeres diários, sofre de insônia, tem calafrios e pesadelos.

Tentando distrair-se, faz uma viagem ao Monte Saint-Michel, onde tem uma conversa com um monge, no interior da famosa construção gótica ali existente. Pergunta a ele se acredita nas lendas que rondam aquele lugar. A resposta:

> *Meu caro senhor, vemos nós a centésima milésima parte do que existe? Por exemplo: o vento, que é a maior força da natureza, que derruba os homens, abate os edifícios, desenraiza as árvores, levanta o mar e montanhas de água, destrói as falésias, lança os navios contra os penedos – esse vento que mata, que assovia, que geme e que muge – já o viu alguma vez? Não, nunca o viu e, no entanto, ele existe.*

Algo forte, o vento, capaz de desenraizar as árvores, é anunciado.

Voltando para casa, o narrador passa a ter experiências estranhas – alimentos levados para seu quarto, à noite, desaparecem sem explicação.

Sentindo-se mais tenso e angustiado, resolve ir a Paris, hospedando-se na casa de uma prima. Ali, durante um jantar com amigos, conhece o dr. Parent, que trabalha com doentes mentais e lhes fala das inovadoras experiências com o hipnotismo e a sugestão, que estavam sendo realizadas naquele momento. Relata os avanços conseguidos pela escola de Nancy e faz, para assombro de todos, uma demonstração de hipnotismo com a anfitriã.

O narrador retorna abalado para casa e, consternado, vê que voltam a acontecer fenômenos estranhos à sua volta. Sente-se à beira da loucura, comandado por uma força externa: "Bruscamente sou obrigado, obrigado, *obrigado* a ir à noite apanhar uns morangos e comê-los. E obedeço".

Lembra da experiência com a prima e pensa: "[ela] era objeto de uma vontade estranha que entrara nela como se fora uma outra alma . . . parasita e dominadora".

Dias depois, lê numa revista científica:

> *Chega-nos do Rio de Janeiro uma notícia deveras curiosa. Uma loucura, uma epidemia de loucura, comparável às demências contagiosas que vitimavam os povos da Europa na Idade Média, grassa neste momento na Província de São Paulo. Os habitantes, de cabeça perdida, fogem de casa, desertam as aldeias, abandonam as culturas, gritando que estão a ser perseguidos, que estão possessos, que estão governados como gado humano por seres invisíveis, uma espécie de vampiros que se nutrem de sua substância, de sua vida.*

Transtornado, o narrador lembra do iate brasileiro que admirara e saudara, concluindo que ele trouxera algo, um ser especial, capaz de invadir sua casa e persegui-lo. Diz: "ele veio, veio!... Veio Aquele... como se chama? Ah, sim!... Está a gritar o nome... não o ouço bem... Repete... Ah, sim, agora sim, percebi perfeitamente: Horlá! O Horlá é ele... Horlá chegou".

Está convicto do advento de um ser mais evoluído, um último elo da cadeia evolutiva, feito de outros elementos, que vinha para subjugar os homens: "por que não mais um? Por que não outras árvores com flores colossais, deslumbrantes, capazes de perfumarem regiões inteiras? Por que não outros elementos além do fogo, ar, água e terra?!".

Um dia, ao sentir que o Horlá lhe estava muito próximo fisicamente, tenta pegá-lo, vê-lo:

*Ergui-me de assalto, com as mãos estendidas e, ao voltar-me, só por um triz não caí no chão!... O quarto estava iluminado como se fosse dia – e não me vi no espelho! Sim, sim, o espelho estava vazio, profundo, cheio de luz – mas não refletia minha imagem ... O maldito tinha devorado o meu reflexo no espelho ... De repente, comecei a lobrigar-me numa espécie de neblina lá para o fundo de espelho, uma bruma idêntica a uma toalha de água, e pareceu-me que essa água deslizava da esquerda para a direita, lentamente, tornando a minha imagem mais precisa, de segundo a segundo. Era como o fim de um eclipse. Aquilo que me escondia não parecia ter contornos definidos, era como que uma transparência opaca que se ia esclarecendo lentamente...*

O narrador planeja livrar-se do Horlá, matando-o com fogo. Tal projeto e sua realização o leva a conclusões que prefiro deixar veladas, para não estragar, mais do que já o fiz, o prazer da leitura de algum eventual futuro leitor.

O conto oferece vários aspectos a serem examinados:

A) É significativo o jogo que o autor faz com os quatro elementos que a prociência dos filósofos gregos (Empédocles) propunha como os constitutivos de toda matéria. Os elementos aparecem reiteradamente: o enraizamento na terra; a água fugidia do rio – porta aberta para o estranho; a própria forma visível tomada pelo Horlá ao espelho; o ar (vento) que tudo arranca e desestabiliza; o fogo purificador e perigoso.

## 24  O HORLÁ

B) Para nós, não deixa de ser irônico a maneira como o Brasil é visto: a epidemia de loucura que grassa em São Paulo, geradora do Horlá, que é levado para a França pelo belo iate branco. É de se perguntar se, mais de cem anos depois, tal imagem do Brasil, cercado de exotismo e estranheza, teria mudado muito para o francês médio.

C) É interessante ressaltar o momento histórico descrito no conto. Em 1886, o impacto das descobertas de Charcot (na Salpetrière) e de Bernheim e Liébault (em Nancy) sobre a hipnose assombrava leigos e médicos na França e repercutia por toda a Europa.

Foi justamente por causa dessas descobertas que Freud partiu para Paris em 1885, onde ficou por cinco meses, seguindo os cursos ministrados por Charcot. Posteriormente foi a Nancy, onde encontra Bernheim e Liébault e, ao voltar para Viena, traduz as obras desses autores para o alemão.

Charcot descrevera estados mentais além dos conscientes, aos quais tinha acesso através da hipnose e da sugestão com as histéricas. Charcot acreditava que a possibilidade da sugestão hipnótica se devia a predisposições hereditárias e não via nenhum uso terapêutico em sua descoberta.

A escola de Bernheim e Liébault, de Nancy, pelo contrário, desprezava os supostos fatores hereditários, preconizando o uso terapêutico da sugestão hipnótica, obtendo expressivo êxito em muitos casos.

Foi a hipnose que possibilitou as grandes descobertas de Freud. Iniciou ele por modificar seu procedimento clássico, que consistia em induzir o sono hipnótico e em seguida dar ordens e sugestões que ficariam registradas pelo psiquismo dos pacientes como "ideias contrárias" àquelas ligadas a seus sintomas e que lhes traziam tanto sofrimento, como as obsessões e as fobias.

Freud inverteu o processo: sob hipnose, ao invés de impor-lhes "ideias contrárias", *perguntava* às pacientes sobre seus sofrimentos, convidando-as a falar sobre suas experiências, procedimento que lhe proporcionou a surpreendente descoberta das lembranças até então esquecidas e reprimidas que explicavam seus sintomas. Era a fase catártica do tratamento, que logo seria ultrapassada por Freud, ao descobrir a associação livre e a transferência, estabelecendo então o método psicanalítico.

Superada e abandonada, a sugestão hipnótica – desde então entendida como uma resposta transferencial positiva amorosa do paciente para com o médico – teve, assim, papel relevante na descoberta freudiana, sendo a psicanálise – como Freud disse – sua grande herdeira.

Desta forma, *O Horlá* não deixa de ser uma reportagem ficcional deste momento histórico surpreendente, que deve ter mobilizado Maupassant por dois motivos: sua curiosidade intelectual, que o deixava atento aos novos eventos de seu tempo e os integrava em sua produção artística e, pessoalmente, em função de seu próprio estado psíquico, sua psicopatologia.

Sabemos da doença mental de Maupassant, que terminou por levá-lo ao suicídio aos 43 anos, após várias tentativas frustradas. Apesar de sifilítico, é de se supor que as tentativas autodestrutivas advinham de aspectos melancólicos de sua personalidade. É possível que as espetaculares aulas da Salpetrière e as notícias de Nancy chocassem Maupassant, fazendo-o reconhecer em si mesmo aqueles aspectos da dissociação psíquica, as cisões, as ordens peremptórias, as compulsões presentes em sua erotomania, em sua dromomania.

O que escreveu Maupassant assume, assim, caráter premonitório, se referido ao Inconsciente. Diz ele:

# 26    O HORLÁ

*Chegou Aquele que os povos primitivos temiam apavorados. Aquele que os sacerdotes exorcizavam, aterrorizados, que os feiticeiros evocavam nas noites sombrias, sem que o vissem aparecer. Aquele a quem a ignorância dos senhores que têm governado os povos atribuíram formas monstruosas ou graciosas de gnomos, espíritos, gênios, fadas, almas encantadas! Seguidamente a essas concepções do medo primitivo, homens mais instruídos, tiveram a percepção mais clara. Mesmer advinhara... que os médicos, de há dez anos para cá, descobriram de maneira precisa a natureza do seu poder, antes mesmo que ele próprio o exercesse. Brincaram com o fogo, essa arma do novo Senhor, o império de um querer misterioso sobre a alma humana reduzida à condição de escrava! E chamaram a isso magnetismo, hipnotismo, sugestão!... Vi-os divertirem-se com esse horrível poder, como crianças imprudentes! Pobres de nós!... Ele veio ... o Horlá chegou!*

O *Horlá*, esta entidade misteriosa que veio de longe para controlar e contaminar a todos, parece ser a resposta engendrada pela fina intuição de Maupassant, a forma criativa como representou literariamente a descoberta do Inconsciente, fato que revirou por completo a visão que o homem tinha de si mesmo até então. Sua concepção do Horlá aproxima-se minuciosamente das características próprias do Inconsciente, parece até mesmo uma formulação precursora da suposta afirmação que Freud teria feito para Jung, no navio que os levava à América: "Eles não sabem que lhes trazemos a peste".

D) Finalmente chegamos ao que é o mais importante no conto, o tema do Outro, do Duplo, do *Döppelganger*. A crença neste misterioso ser que acompanharia todo e cada um dos seres viventes, cuja aparição prenuncia a morte daquele que a vê, é muito antiga e largamente difundida em todas as culturas. Figura no folclore alemão e é tema de muitas obras literárias, como *O elixir do diabo*, de Hoffmann, *O outro*, de Dostoievski, *William Wilson*, de Poe. É, pois, nesta linhagem que *O Horlá* se inscreve.

Em *O estranho*,[3] Freud diz que a sensação de estranheza despertada pelo Outro, pelo Duplo, o *Döppelganger*, a extraordinária mescla de familiaridade e radical estranhamento a ele associados, deve-se à sua ligação com o Inconsciente, por ser ele mesmo – o Outro, o Duplo – uma emergência do Inconsciente. Uma experiência de estranheza ocorre se complexos infantis reprimidos são revividos ou atualizados por algum acontecimento ou quando crenças infantis superadas voltam a ser confirmadas. Nessas ocasiões o sujeito constata ser habitado por um "outro" do qual nada sabe e sobre o qual não tem controle. É o que ocorre nos atos falhos, sintomas e na compulsão à repetição.

Diz Freud:

> *Todos esses temas dizem respeito ao fenômeno do duplo, que aparece em todas as formas e em todos os graus de desenvolvimento. Assim, temos personagens que devem ser considerados idênticos porque parecem semelhantes, iguais. Essa relação é acentuada por processos mentais que saltam de um para outro desses personagens – pelo que chamaríamos telepatia –, de modo que um possui conhecimento, sentimentos e experiência em comum com outro. Ou é marcada pelo fato de que o sujeito se identifica com outra pessoa, de tal forma que*

---

3   Freud, S. (1976). O estranho. In *Edição Standard das Obras Psicológicas Completas de Sigmund Freud* (Vol. XVII). Imago.

> *fica em dúvida sobre quem é o seu eu, ou substitui o seu próprio eu por um estranho. Em outras palavras, há uma duplicação, divisão e intercâmbio do eu.*

Continua Freud:

> *O tema do "duplo" foi abordado de forma muito completa por Otto Rank. Ele penetrou nas ligações que o "duplo" tem com reflexos em espelhos, com sombras, com os espíritos guardiões, com a crença na alma e com o medo da morte; mas lança também um raio de luz sobre a surpreendente evolução da ideia. Originalmente, o "duplo" era uma segurança contra a destruição do eu, uma "enérgica negação do poder da morte", como afirma Rank; e, provavelmente, a alma "imortal" foi o primeiro "duplo" do corpo... Tais ideias, no entanto, brotaram no solo do amor próprio ilimitado do narcisismo primário que domina a mente da criança e do homem primitivo. Entretanto, quando essa etapa está superada, o "duplo" inverte seu aspecto. Depois de haver sido uma garantia de imortalidade, transforma-se em estranho anunciador da morte. A ideia do "duplo" não desaparece necessariamente ao passar o narcisismo primário, pois pode receber novo significado nos estágios posteriores do desenvolvimento do ego. Forma-se ali, lentamente, uma atividade especial, que consegue resistir ao resto do ego, que tem a função de observar e de criticar o eu e de exercer uma censura dentro da mente, e da qual tomamos conhecimento como nossa "consciência".*

A estranheza do "duplo", diz Freud, é por ser "uma criação que data deste estágio mental muito primitivo e nunca completamente superado – incidentalmente um estádio em que o "duplo" tinha um aspecto mais amistoso".

Diz ainda: "As outras formas de perturbação do ego . . . são um retomo a determinadas fases na evolução do sentimento de autoconsideração, uma regressão a um período em que o ego não se distinguia ainda nitidamente do mundo externo e de outras pessoas".

O problema do narcisismo primário (um momento do desenvolvimento psíquico no qual a criança supostamente ignora o mundo externo, voltando sobre si mesma toda a libido, não a investindo, pois, em outras pessoas ou suas representações) e da gênese e desenvolvimento do ego tem gerado discussões teóricas sobre a constituição do sujeito.

Como assinalam Laplanche e Pontalis, Freud tinha duas vertentes para trabalhar a gênese do ego: como produto de uma diferenciação progressiva do id, resultante da influência da realidade externa, e outra "que parte não de uma diferenciação funcional, mas fazendo intervir operações psíquicas próprias, verdadeiras precipitações no psiquismo de vestígios, imagens, formas tiradas do outro humano".[4]

À medida que o ego se constitui a partir dessas "precipitações", fica difícil entender o narcisismo primário como anobjetal (sem objetos nos quais o ego investiria a libido, como já se viu). Mais seria ele o resultado das ligações mais arcaicas deste ego ainda não separado e discriminado da realidade e dos outros que o cercam.

Citando Laplanche e Pontalis:

---

4  Laplanche, J., & Pontalis, J.-B. (1967). *Vocabulário de psicanálise*. Martins Fontes.

*Numa perspectiva genética podemos conceber a constituição do ego como unidade psíquica correlativamente à constituição do esquema corporal. Podemos ainda pensar que tal unidade é precipitada por uma determinada imagem que o indivíduo adquire de si mesmo segundo o modelo do outro e que é precisamente o ego. O narcisismo seria a captação amorosa do indivíduo por esta imagem. Lacan relacionou este primeiro momento de formação do ego com a experiência narcísica fundamental que ele designou pelo nome de "fase do espelho". Nessa perspectiva em que o ego se define por uma identificação com a imagem de outrem, o narcisismo – mesmo o "primário" – não é um estado do qual esteja ausente toda e qualquer relação intersubjetiva, mas é a interiorização de uma relação. Essa é justamente a concepção que ressalta de um texto como* Luto e melancolia, *onde Freud parece exatamente nada mais ver no narcisismo do que uma "identificação narcísica" com o objeto.*

Assim sendo, este primeiro outro, aquele que fornece a imagem especular, aquele que forma o ego como depósito sedimentado de suas imagens, é, sem dúvida e privilegiadamente, a mãe.

Esta ligação primordial com a mãe, este "duplo" essencial, é abordada de duas maneiras em *O estranho*. Primeiro quando Freud fala das fantasias fóbicas de ser enterrado vivo: "Essa fantasia assustadora é apenas uma transformação de outra fantasia que originalmente nada tinha em absoluto de aterrorizador, mas caracterizava-se por uma certa lascívia – quero dizer, a fantasia da existência intrauterina".

Ou seja, o, desejo de retomar a ligação simbiótica totalizadora com a mãe. Ou, ainda, o gozo do corpo da mãe.

Posteriormente, Freud (1976) diz:

> *Acontece com frequência que os neuróticos do sexo masculino declaram que sentem haver algo estranho no órgão genital feminino.* Esse lugar unheimlich, *no entanto, é a entrada para o antigo* Heim *(lar) de todos os seres humanos, para o lugar onde cada um de nós viveu certa vez, no princípio. Há um gracejo que diz: "O amor é a saudade de casa"; e sempre que um homem sonha com um lugar ou um país e diz para si mesmo, enquanto ainda está sonhando: "este lugar é-me familiar, estive aqui antes", podemos interpretar o lugar como sendo os genitais da sua mãe ou o seu corpo. Nesse caso, também o* unheimlich *é o que uma vez foi* heimlich, *familiar, o prefixo un (in) é o sinal da repressão. (p. 305)*

Esse trecho é interessante, porque Freud dá uma interpretação da angústia de castração diferente da habitual, quando afirma que o menino acha estranho e se assusta com o genital feminino pela ausência de pênis e por ver nisso a confirmação do perigo advertido pelas ameaças anteriores. Aqui ele ressalta que a estranheza do genital feminino advém da evocação da antiga familiaridade.

Fica clara a articulação posteriormente feita por Lacan, que mostra a castração em diferentes momentos constitutivos do sujeito humano.

Freud é criticado por aqueles que julgam ter ele construído uma teoria dita "falocêntrica", que enfatiza a importância do pai, deixando à sombra a relação com a mãe, falha que teria sido reparada por tantos de seus seguidores, que – para tanto – desviaram-se significativamente de importantes ideias do mestre. Mas Lacan recupera a presença da mãe na teoria freudiana propriamente dita.

32    O HORLÁ

Ao propor três tempos para o complexo de Édipo, Lacan mostra que a primeira castração é justamente essa aludida por Freud em *O estranho*; é o corte da ligação fusional e indiscriminada com a mãe. Tal corte nos constitui como sujeitos humanos, instaurando para sempre a falta, a ausência, a lacuna que o desejo humano procurará incessante e inutilmente preencher, deixando-nos assujeitados ao desejo do outro (da mãe, inicialmente), para podermos ser por ele desejados e assim refazer uma unidade imaginária irremediavelmente perdida.

Tentamos superar esta falha, esta ausência, com as palavras, esta simbolização que nega e evidencia a falta, tornando a ausência em presença e vice-versa.[5] Esse corte, a castração primeira, esta falta e falha, é posteriormente ressignificada pela constatação das diferenças anatômicas entre os sexos, na qual a ausência – não mais da mãe, e sim do pênis – vai centrar a angústia, enquanto possibilidade temida no homem ou constatação acabrunhante na mulher.

Voltando agora ao *O Horlá*, depois desta incursão na teoria, podemos dizer que o conto mostra momentos da constituição do sujeito.

Maupassant parte das teorias da antiguidade grega, de Empédocles, abandonando-as frente às perplexidades do hipnotismo, da sugestão, antevendo então uma mudança radical, o nascimento de uma nova entidade, o Inconsciente, intuindo a íntima relação deste com o Outro. O autor mostra o narrador desenraizado e possuído por um outro desconhecido, o Horlá, que o faz perder a identidade.

*O Horlá* retrata uma regressão psicótica aos momentos primitivos de fusão e separação característicos da relação narcísica primária do sujeito com o outro (a mãe). Maupassant captura a angústia desesperada e constituinte vigente em tomo da primeira

---

5   Juranville, A. (1987). *Lacan e a filosofia*. Jorge Zahar.

castração. Ao invés da unidade narcísica primária, da fusão com o "outro benigno que afasta a morte", o outro familiar e idêntico, surge agora algo diferente – um outro "anunciador da morte" que ameaça o sujeito. É a mãe, a Coisa, em sua radical alteridade e estranheza. Este outro tão familiar – na medida em que o sujeito assimilou seus desejos, seus pensamentos e suas palavras, através das quais simbolizou o real – é também essencialmente estranho – um não eu, um fora-de-mim, distante, exótico, "brasileiro".

É quando se instala o vácuo do não ser, descrito por Maupassant como o não se ver ao espelho, a experiência de desenraizamento de si mesmo, a presença do vento que arranca o sujeito de sua terra, da água para sempre corrente, aberta para o outro, no qual o sujeito se perde.

Essa primeira castração, quando não estabelecida em ocasião propícia (como primeiro tempo do complexo de Édipo), é um dos fatores desencadeantes da psicose no adulto, que é – em última instância – o que é mostrado em *O Horlá*.

A ideia de morte que subjaz em todo o processo, o outro não mais "amigável" e sim o "anunciador da morte", não deixa de ser uma representação distorcida do mesmo desejo – a volta ao seio da mãe terra, já aludida na interpretação da fantasia claustrofóbica citada anteriormente e também abordada por Freud em "O tema dos três escrínios".[6] O desejo de morte, de repouso absoluto, do Nirvana, de ausência de estímulos e conflitos é, sem dúvida, a maior expressão da pulsão de morte.

A ambiguidade que faz com que o *Outro amigável e protetor contra a morte* seja o mesmo *Outro arauto da morte* é aludida por Freud em "O estranho" de outra forma. Seu trabalho se inicia com

---

6  Freud, S. (1969). O tema dos três escrínios (p. 61). In *Edição Standard das Obras Psicológicas Completas de Sigmund Freud* (Vol. XII). Imago.

34  O HORLÁ

uma longa digressão linguística sobre as palavras alemãs *heimlich/ unheimlich*, que, apesar de aparentemente significarem qualidades opostas de *familiar/não familiar* e *estranho*, são tão ambíguas que só podem ter seu significado aferido no contexto das palavras na frase. Freud mostra aí a supremacia do significante sobre o significado, como já o tinha feito extensamente em *A interpretação dos sonhos* (1900), vertente sobejamente explorada e desenvolvida por Lacan.

A propósito de aspectos linguísticos, lembremos que *Horlá* advém de *Hors de là (o que vem de fora, de longe)*.

A importância da linguagem, das palavras, fica ainda mais ressaltada quando nos lembramos de que a falha, a falta que nos constitui é incessantemente preenchida por significantes, por palavras onde se inscreve o desejo do Outro.[7]

---

7  Nasio, J.-D. (1989). *Lições sobre os 7 conceitos cruciais da psicanálise.* Jorge Zahar.

# Pare no D: algumas ideias sobre *Esaú e Jacó* e *Memorial de Aires*[1]

Este artigo apresenta, inicialmente, uma leitura de *Esaú e Jacó*[2] e *Memorial de Aires*,[3] na qual se pretende evidenciar a grande proximidade que os une, o que os coloca como romances *gêmeos*. Uma segunda leitura, essa mais propriamente analítica, aborda *Esaú e Jacó*, levantando hipóteses sobre o porquê de sua feição abrupta, que gera no leitor uma sensação de frustração e incompletude. Tal sensação seria efeito gerado pelo enredo, que mostra o sujeito não inteiramente constituído, mantendo-se alienado no desejo do Outro. A questão é ilustrada com a interpretação de Hamlet, Antígona e dos gêmeos bíblicos que emprestam o nome ao título do livro. Passo seguinte, fala-se da importância da psicanálise de família e do enfoque transgeracional.

---

1 Trabalho apresentado no XV Moitará da Sociedade Brasileira de Psicologia Analítica, tendo como tema "Machado de Assis, o bruxo do Cosme Velho" e realizado em Campos de Jordão, nos dias 23, 24 e 25 de novembro de 2001.

2 Assis, M. (1999). *Esaú e Jacó* (12a ed.). Ática.

3 Assis, M. (2000). *Memorial de Aires* (6a ed.). Ática.

# 1

*Esaú e Jacó* e *Memorial de Aires* são escritos pelo mesmo personagem, o Conselheiro Aires, que, ao morrer, deixara "sete cadernos manuscritos, rijamente encapados em papelão".[4] Em tinta encarnada, estão numerados de I a VI, tendo o sétimo o título de *Último*. Este foi transitoriamente chamado de *Ab ovo* até receber o nome definitivo de *Esaú e Jacó*. Seu fictício autor adota a posição de narrador onisciente, aparecendo como personagem com seu próprio nome. Dos demais cadernos, escritos sob a forma de diário, somos informados que o material referente aos anos de 1888-1889, "decotado de algumas circunstâncias, anedotas, descrições e reflexões", foi publicado com o título de *Memorial de Aires*. Vê-se aí algum desacerto, pois os livros que deveriam ser o *último* e o *penúltimo* são publicados – por Machado de Assis – na ordem inversa.

*Esaú e Jacó* conta a história do rico casal Santos e Natividade, pais dos *gêmeos* Pedro e Paulo. Com um ano de idade, uma vidente diz terem eles brigado ainda no ventre da mãe e que seriam grandes homens, destinados a importantes feitos no futuro. Os pais se impressionam com tal vaticínio e dele muito esperam. Os filhos crescem dentro de crescente rivalidade, que toma especial colorido quando adotam posições opostas frente à ebulição política causada pela iminente queda do Reinado e a instalação da República, assim como quando ambos se apaixonam por Flora, filha do casal Cláudia e Batista, ele um político conservador. Flora é ambígua e não define a quem ama. Adoece gravemente e termina por falecer, sem escolher nenhum dos irmãos. Estes abandonam suas carreiras de medicina e advocacia, impostas pela mãe, e entram na política como deputados republicanos de facções rivais. Os irmãos, que não casaram e não fizeram grandes coisas, apesar de terem jurado

---

4  Assis, M. *Esaú e Jacó* (p. 13).

à mãe que seriam amigos, logo após sua morte reinstalam a velha hostilidade que os mantêm inimigos, frente à indiferença do Conselheiro Aires, que muitas vezes fora chamado pela mãe para intervir e orientá-los em suas querelas.

Em *Memorial de Aires*, seguimos o Conselheiro Aires frequentando a casa do casal Aguiar, que acolhe a rica viúva Fidélia Noronha, impossibilitada de aproximar-se de sua família de origem (os barões de Santa Pia), por ter feito um casamento que contrariava os desejos paternos. Os Aguiares e a Viúva Noronha estabelecem relações de pais e filha, fonte de muita alegria para ambos os lados. Os Aguiares não tinham filhos e, anos antes, ligaram-se intensamente a Tristão, filho de um casal amigo que partira para Portugal. Tristão retorna, a negócios, ao Brasil e conquista a até então inconsolável Fidélia, levando-a para Lisboa, onde fora eleito para um cargo legislativo. De passagem, é referida a abolição da escravatura, o que tem certa importância na liquidação da fazenda Santa Pia, antes da viagem definitiva para Portugal.

*Esaú e Jacó* e *Memorial de Aires* não gozam do mesmo prestígio e reconhecimento que banham os outros três romances realistas, *Memórias póstumas de Brás Cubas, Quincas Borba* e *Dom Casmurro*, em que Machado cunhou seu estilo e marcou a literatura brasileira com uma devastadora ironia e ceticismo, cobrindo de sarcasmo a grande mascarada da vida em sociedade, aproximando se, como já foi notado, do distanciamento clássico dos moralistas e iluministas do século XVI e XVII[5] e da fina observação analítica freudiana.

Nesses livros o tom é outro. Esmaecidas estão a ironia e a acidez machadianas. O viúvo Conselheiro, que – no meio de suas andanças diplomáticas – enterrara a mulher em Viena, a tudo vê com comedimento e frieza, quase indiferença. Registra, reconhece o

---

5  Bosi, A. (2000). *O enigma do olhar* (p. 155). Ática.

que acontece, mas nada o atinge. Não se compromete em suas opiniões, sua preocupação maior é evitar aborrecimentos. Repetindo um verso de Shelley, diz que "não pode mais dar aquilo que os homens chamam de amor" (*I can not give what men call love*)[6] e, ao responder às conversas, faz "gesto de dois sexos".[7] Essas referências de claras ressonâncias sexuais, que remetem à impotência e à ambiguidade sexual, parecem caracterizar o abandono de uma atitude viril e impositiva, fazendo Aires enfrentar passivamente os dois grandes momentos da história brasileira relatados em seus livros: a abolição da escravatura, em *Memorial de Aires*, e a proclamação da República, em *Esaú e Jacó*.

É verdade que a antiga verve de Machado não está inteiramente apagada. Em *Esaú e Jacó*, é vista nas maquinações de dona Cláudia, que, sentindo no ar as mudanças políticas, trata de apresentar seu marido Batista, político arquiconservador, com as vestes de um veterano liberal, para espanto dele, o que provoca efeitos hilariantes. E, no *Memorial*, a perfídia, a maledicência ficam por conta de dona Cesária, que bisbilhota a vida de todos, para deleite do casto e prudente Conselheiro.

Esse tempo de grandes mudanças provoca conflitos identitários. Todas as identidades estão em jogo. Precisam ser repensadas, reforçadas ou trocadas, o que mobiliza as funções adaptativas do ego.

Até onde essa adaptação à nova realidade implica num reconhecimento de lutos e perdas ligados à situação anterior, em ansiedades frente ao desconhecido, flexibilidade para reconhecer novas oportunidades, fixação em padrões superados, desvelamento de oportunismos os mais deslavados, é o que Machado esboça com vários personagens.

---

6  Assis, M. *Memorial de Aires* (p. 22).
7  Assis, M. *Esaú e Jacó* (p. 37).

Deparamo-nos com a atitude distante e indiferente de Aires, que a tudo vê como se nada importasse. Seguimos a perplexidade do personagem chamado apropriadamente de Custódio, o confeiteiro surpreendido pelos acontecimentos no momento em que mandara repintar a tabuleta de seu estabelecimento comercial, até então Confeitaria do Império, e que manda "parar no D", temeroso de fazer uma opção politicamente perigosa e economicamente desastrosa para seu negócio. Rimos com as maquinações de dona Cláudia, uma Lady Macbeth fluminense que não quer ser alijada dos círculos do poder, o que a leva a inventar uma nova leitura do repertório político do marido.

É de se pensar até que ponto o próprio Machado, funcionário público de carreira, não teria ocultado seus temores frente às mudanças políticas atrás da fleuma do Conselheiro Aires ou dos desmandos tragicômicos de Custódio e dona Cláudia.

O retraimento do Conselheiro Aires refletiria o humor depressivo dos últimos anos do também viúvo Machado, humor que acentuava seu ceticismo frente às esperanças exageradas que muitos depositavam na abolição da escravatura e na Proclamação da República. Mas a forma descrente com a qual Machado encara, nos dois livros, os dois momentos históricos não deve ser confundida com mero conservadorismo.

Se lhe "cabia melhor o chapéu do império", como diz um personagem, era por desconfiar da república que se proclamava naquele momento, daquela forma. Olhava com desdém a corrupção e a plutocracia que se instalavam brutalmente e que se manifestavam com o "encilhamento", a especulação financeira desenfreada, que dava vez a uma nova e desprezível casta no poder.[8]

---

8  Faoro, R. (2001). *Machado de Assis: a pirâmide e o trapézio* (4a ed. rev., pp. 386-
    -391). Globo.

40 PARE NO D

Essa descrença com a República poderia ser a motivação secreta que o levou a dar uma morte prematura a Flora, personagem cujo nome passa a ser significativo quando notamos a semelhança fonética com o de Floriano, a grande figura política do momento, responsável pela consolidação dos novos tempos. Também é muito expressivo que Flora seja enterrada em 10 de abril de 1892, dia em que Floriano Peixoto decreta estado de sítio, decreto "que valeu só por 72 horas", debelando uma rebelião contra seu governo.[9] O final inconcluso e incerto do livro poderia ser visto como uma metáfora reveladora das dúvidas de Machado quanto ao futuro da República no país.

Ao contrário da Proclamação da República, que ocupa significativo espaço em *Esaú e Jacó*, a abolição da escravatura mal aparece em *Memorial de Aires*. É apenas um detalhe no romance de Tristão e Fidélia. É claro que Machado mostra ironicamente a "bondade" dos senhores brancos frente a seus escravos. Mas seu excessivo distanciamento e sua indiferença frente à abolição, atitude característica de Aires, parecem sintomáticos, reveladores de uma dificuldade em abordar um tema que pessoalmente o feria, sendo ele mulato e neto de escravos.

Entretanto, diz Bosi, "esse é um dos traços mais fugidios e inquietantes da fisionomia machadiana: o seu olhar passa de aparentemente conformista, ou convencional, a crítico, sem que o tom concessivo deixe transparecer qualquer impulso de indignação".[10]

De fato, preferia fazer como Erasmo,[11] apreciando de seu observatório o desfile da loucura humana a se esfalfar nos jogos do poder. Sua visão irônica e darwinista da sociedade compreendia a

---

9 Assis, M. *Esaú e Jacó* (p. 176).
10 Bosi, A. *op. cit.* (p. 54).
11 Assis, M. (1971). *Memórias póstumas de Brás Cubas* (p. 166). Abril Cultural.

motivação humana regida por "duas naturezas" – o desejo e o interesse,[12] sendo o objetivo primordial de todos a ascensão social, que se realiza às custas do "patrimônio" ou do "matrimônio". O sarcasmo com o qual vê tal escalada mal esconde a identificação com suas denodadas heroínas, que, a duras penas sobem os íngremes degraus das classes sociais. "O fato de essas figuras voluntariosas e autocentradas serem mulheres . . . foi interpretado como obra de disfarce, de raiz autobiográfica, pelo qual Machadinho dos anos 70, em plena ascensão, convertia e sublimava a sua própria escolha existencial", observa agudamente, Lucia Miguel Pereira, numa citação de Bosi.[13]

O pouco entusiasmo de Machado pelas mudanças que supostamente seriam trazidas pela Abolição e pela República decorria de sua convicção de que a luta pela escalada social continuaria da mesma forma, a humanidade continuaria regida pelas "duas naturezas", presa aos pressupostos darwinistas da sobrevivência do mais forte. "Ao vencedor, as batatas", é o mote de Quincas Borba, divulgando sua doutrina do Humanitismo.[14]

Abstraindo os magnos eventos políticos referidos nos dois romances *gêmeos*, o grande tema que os une é o reconhecimento da passagem do tempo, que a tudo muda. "Parar no D" é uma tentativa inútil de tentar impedir seu inexorável fluir: o Império já se fora e a República era uma realidade. Aires, se começa por criticar a mudança de sentimentos da viúva Noronha ao se apaixonar por Tristão, ou das mudanças deste em relação aos Aguiares, termina melancolicamente aceitando que as coisas sejam assim mesmo: os jovens não podem ser censurados por se darem o direito de viver

---

12 Bosi, A., *op. cit.* (p. 17).
13 Bosi, A., *op. cit.* (p. 20).
14 Assis, M. (1997). *Quincas Borba* (p. 22). L&PM Pocket.

42 PARE NO D

suas próprias vidas e deixarem os velhos sozinhos, com a "saudade de si mesmos".[15]

## 2

Focalizarei agora mais atentamente *Esaú e Jacó*. Embora possa ser visto, como já foi feito acima, como uma metáfora da situação política brasileira, esse "romance dos *gêmeos*, estranha história em que tudo é dobra ou cisão", como diz Bosi,[16] transcende essa contingência.

*Esaú e Jacó* exala um odor de coisa abortada, de algo que não amadureceu inteiramente, que cresceu apenas para murchar, sem que as necessárias floração e frutificação tenham-se dado. Há uma incompletude, uma insatisfação, algo que fica suspenso e não cai como devia.

O desconforto e a estranheza que o livro causa no leitor é o efeito psicológico, afetivo e estético decorrente da trama, que mostra como os *gêmeos* Pedro e Paulo não se constituíram como sujeitos, permanecendo submetidos ao desejo da mãe, nele alienados, impossibilitados de se assenhorearem de seus próprios desejos. É o que procurarei fundamentar a seguir, analisando o enredo da obra.

Em seu início, vamos ver que, ao saber da gravidez, que ocorre dez anos após o casamento, ao contrário do marido Santos, que ficou feliz, Natividade – curioso nome que remete diretamente à maternidade, à função materna – não demonstra alegria alguma. Pelo contrário, acha que a criança vinha "deformá-la por meses,

---

15 Assis, M. *Memorial de Aires* (p. 134).
16 Bosi, A., *op. cit.* (p. 130).

obrigá-la a recolher-se, pedir-lhe as noites, adoecer dos dentes e do resto". Essa foi sua primeira sensação e o primeiro ímpeto foi "esmagar o germe e criar raiva do marido". Somente num momento posterior, reconciliou-se com seu estado. Santos, por sua vez, se alegrava com a chegada dessa "criatura tirada da coxa de Abraão", uma outra referência bíblica ao fato de Abrãao e Sara terem gerado já provectos o filho Isaac.[17]

Algumas observações iniciais. A demora em engravidar, de dez anos, pode ser entendida como sintomática, mostrando a relutância de Natividade em assumir a maternidade, relutância que se explicita sem mais demora no desejo de abortar, de "esmagar o germe", destruir o filho.

Os pais ficam surpresos com a chegada de *gêmeos*, mas logo se acostumam e ficam imaginando o que seriam no futuro. A mãe diz que um será médico e o outro advogado e que, seguramente, serão "grandes homens".[18] Quando as crianças já estavam com mais de um ano, Natividade soube, através das criadas, da existência da Cabloca do Castelo, uma adivinha, e sente uma imperiosa necessidade de consultá-la, pois "velhas ideias que lhe incutiram em criança vinham agora emergindo do cérebro e descendo ao coração".[19]

Vai então à vidente, que lhe pergunta se os filhos tinham brigado "antes de nascer, no ventre". Tal ideia nunca lhe ocorrera antes, mas Natividade, "que não tivera a gestação sossegada, respondeu que efetivamente sentira movimentos extraordinários, repetidos, e dores, insônias...", e adota imediatamente a interpretação da advinha, incorporando-a como verdadeira, assim como sua relutante

---

17 Assis, M., *Esaú e Jacó* (p. 26).
18 Assis, M., *op. cit.* (p. 30).
19 Assis, M., *op. cit.* (p. 31).

## 44 PARE NO D

afirmação de que os *gêmeos* fariam "grandes coisas futuras, coisas bonitas", afirmando que seriam "gloriosos".[20]

Tais profecias serão posteriormente reafirmadas por um sábio espírita amigo do pai, selando assim a sorte dos *gêmeos*: *"teste David cum Sybilla"*.[21]

O que podemos ver aí? Antes de mais nada, a mãe reluta em ter um filho e quer matá-lo. Depois do parto, vendo as crianças, somos informados que "velhas idéias vindas da infância começam a atormentá-la", o que a leva a querer adivinhar o futuro dos filhos.

Tais "velhas ideias" parecem indicar a regressão a padrões infantis sofrida por Natividade durante o pós-parto. A preocupação recorrente com o futuro grandioso dos filhos parece ser uma supercompensação obsessiva, uma formação reativa frente a seus desejos assassinos contra os filhos – se eles são "gloriosos", ela (a mãe) não os danificou com seu desejo assassino. Por outro lado, se são eles os que brigam em seu ventre, coisa em que *a posteriori* passa a acreditar, ficam eles como os agentes da agressividade, são eles os que a agrediram, provocando-lhe dores, e não ela quem quis matá-los. Livra-se assim a mãe do pesado ônus da agressividade, projetando-a sobre os frágeis ombros infantis, dessa forma marcando-os indelevelmente.

Vemos como a fantasia da mãe (e do pai) envolve os filhos desde o momento da concepção e até mesmo muito antes dela, como quando se fala das "velhas idéias" da mãe quando menina.

É interessante notar como é frequente nos mitos e nas histórias de fadas a presença de profecias em relação aos futuros filhos. A tragédia de Édipo, sabemos, decorre de uma profecia feita a Laio

---

20 Assis, M., *op. cit.* (p. 18).
21 Assis, M., *op. cit.* (p. 40).

e Jocasta pelo oráculo de Delfos, que os avisa que darão à luz uma criança que matará o pai. Isso faz com que Laio e Jocasta planejem o assassinato do filho, abandonando-o nas montanhas para que ali morra.

As profecias que anunciam o filho como um futuro assassino do pai já aparecem nos mitos gregos mais antigos, como no primeiro casal Céu e Terra, pais dos titãs e dos ciclopes. Céu rejeitava os filhos e, quando eles nasciam, os escondia no seio da Terra, condenando-os a viver ali para sempre. Terra se revolta contra esse comportamento e incita os filhos a se insurgirem contra o pai. Os jovens titãs não aceitam tal conclamação, exceto Saturno, que castra o pai, jogando seus testículos ao mar. Saturno, ao se casar com a titânia Cibele, recebe a profecia de que seria destronado por um de seus filhos. Por esse motivo, devora-os à medida que nascem. Entretanto, ao nascer Júpiter, Cibele o esconde e dá ao marido uma pedra, que ele engole pensando ser o recém-nascido. Júpiter escapa e mais tarde dá ao pai uma poção que o faz vomitar os filhos engolidos anteriormente. Por dez anos Júpiter e Saturno lutam, até a vitória do primeiro. Também Júpiter, então casado com Métis, recebe a profecia de que seria destronado por um filho, o que o faz engolir Métis.

Como entender essa reiterativa profecia de que o filho engendrado matará o pai? Tais profecias são reveladoras da fantasia dos pais, projetada nos oráculos que a veiculam. Ligadas às estruturas narcísicas e edipianas dos pais, elas mostram a regressão neles provocada pela fecundação e gestação de um filho, que os faz reatualizar vivências infantis, levando-os a confundir a chegada do filho com a traumática chegada de um irmão mais novo, motivo de um insuportável afastamento da mãe. A gravidez da mulher reatualiza as lembranças das gravidezes da mãe, despertando as fantasias assassinas em relação a esse primeiro rival, o irmão, agora

46 PARE NO D

confundido com o filho. Não podendo admitir os desejos assassinos contra o filho – "irmão", atribui a ele esse desejo –, é o filho que vem para matar o pai.

Essas fantasias podem atingir uma intensidade crítica com o nascimento do filho, o que fez Carel denominar tal momento de "traumatose perinatal".[22]

Isso mostra o descompasso entre o soma e o psíquico, dá provas de que a plena maturidade fisiológica do corpo, condição da procriação, independe da maturidade psíquica, pois não é raro que justamente nesses momentos se exponha a fragilidade emocional dos pais, que mergulham em fortes movimentos regressivos.

O ponto que é necessário ressaltar é que a criança nasce em meio a uma tempestade emocional inconsciente dos pais, geradora de fantasias que vão ter papel determinante, constituinte e estruturante do psiquismo do filho.

No caso de Édipo, antes de ser engendrado, os pais já o viam como um assassino e isso terminou por acontecer. O mesmo se dá nos dramas mitológicos e no caso de Pedro e Paulo. Esses são igualmente depositários da agressividade da mãe, serão eternos inimigos em luta. Também depositários do narcisismo materno, estarão sempre querendo ser os "grandes homens", fazer "grandes coisas".

Édipo, Pedro e Paulo estão alienados no desejo dos pais, da mãe, impossibilitados de se constituírem inteiramente como sujeitos desejantes, sabedores e conhecedores de seus próprios desejos.

Essa alienação estrutural no desejo do outro, da mãe, pode ser exemplificada nas interpretações que Lacan faz de Hamlet[23] e

---

22 Carel, A. (1998). A posteridade de geração. In Alberto Eiguer (Org.), *A transmissão do psiquismo entre gerações – Enfoque de terapia familiar psicanalítica* (pp. 101-102). Unimarco.

23 Lacan, J. (1986). *Hamlet por Lacan* (pp. 34-36). Escuta/Liubliú.

Antígona.[24] Sabemos que a conhecida interpretação freudiana sobre a hesitação que impede Hamlet de matar Cláudio, como o fantasma do pai o exige, é estar ele edipianamente identificado com o assassino. Também ele, na fantasia infantil, teria desejado matar o pai para se apoderar do amor de Gertrude. Não se sente, portanto, moralmente autorizado para julgar alguém que realizou o que ele mesmo desejara fazer. Lacan mostra um ângulo mais primitivo do impedimento de Hamlet. Se o fantasma do pai só acusa quem o matou, Hamlet não esquece que a mãe foi cúmplice do assassino do pai, ela ativamente participou do crime. Ou seja, ela desejava a morte do marido e a concretizou. Hamlet, identificado com o desejo da mãe, o assume temporariamente como seu, ficando por isso paralisado. Só mais tarde estará livre para ter seu próprio desejo, com trágicas consequências.

O mesmo se dá com Antígona. Classicamente se interpreta sua rebeldia contra Creonte como símbolo da luta contra o poder do Estado e o respeito às leis do sangue. Lacan mostra como Antígona está totalmente perdida no desejo criminoso da mãe Jocasta, identificada com ela enquanto criminosa. A disposição em dar um enterro honrado para o irmão seria mera racionalização de um desejo mais recôndito, inconsciente.

Outro exemplo da importância do desejo materno e paterno no futuro dos filhos é o sugerido pelo próprio Machado de Assis ao dar o nome de *Esaú e Jacó* ao seu livro. Vemos no episódio bíblico que, antes do nascimento dos dois, acontece uma profecia divina assegurando que os *gêmeos* comandarão duas nações diferentes e o mais velho servirá ao mais novo. Os dois teriam brigado no ventre materno. Jacó teria segurado o tornozelo de Esaú, tentando ser o primogênito. A mãe, Raquel, claramente prefere Jacó e isso a leva

---

24 Lacan, J. (1986). *O seminário, livro 7: a ética da psicanálise* (p. 342). Jorge Zahar.

a enganar o marido Isaac, pai das crianças, fazendo-o dar a benção ritual ao segundo e não ao primeiro filho. Ao ser questionada, diz ter seguido o desejo de Deus. Sabemos que, antes da bênção ritual, Esaú, peludo e ruivo, caçador, imediatista, tinha vendido seus direitos de primogenitura por um prato de lentilhas, que o doméstico Jacó cozinhava.

A fraude perpetrada por Raquel e Jacó tem consequências desastrosas. Jacó, para escapar ao ódio de Esaú, foge para outra nação, onde fica por vinte anos, com o tio Labão. Raquel morre sem rever o filho predileto. A interpretação judaica é que todos sofrem por terem desobedecido a Deus: Esaú, por desprezar a primogenitura, vendê-la e depois requisitá-la; Isaac, que, por amar excessivamente Esaú, desobedece ao desejo de Deus expresso na profecia; Raquel e Jacó, por não acreditarem no poder divino e terem achado necessário ajudá-lo com artifícios desonestos.

A história de Esaú e Jacó é interessante na medida em que mostra a dinâmica conflitiva própria de todas as famílias, dos complexos relacionamentos entre pais e filhos, com amores e ódios, mentiras, traições, alianças, preferências, vinganças, ameaças de morte, ciúmes.

Um item interessante é a ambiguidade demonstrada por Esaú frente ao direito de primogenitura. Despreza-o, vendendo por uma ninharia (prato de lentilhas), mas depois o requisita e persegue durante anos o irmão usurpador. Como ainda hoje acontece em algumas situações, com o direito da primogenitura o filho mais velho recebe o encargo de assumir o patrimônio da família, os bens materiais e as tradições, dos quais passa a ser o guardião. Ou seja, ao primogênito está vedada toda e qualquer autonomia e liberdade no planejar de seu futuro, que está inteiramente determinado pela tradição, pelos usos e costumes.

Não seria o direito da primogenitura uma manifestação social e jurídica desse fato psicológico que estamos apontando aqui – a alienação do sujeito no desejo do outro, que na prática se evidencia como a concretização do desejo dos pais no futuro de seus filhos? Se assim for, fica clara a ambivalência de Esaú em assumir tão pesado cargo, pois fazê-lo seria submeter-se ao desejo paterno e abdicar do próprio.

Já que estamos no Gênesis, não devemos esquecer, quando falamos do narcisismo dos pais projetado nos filhos, que Deus criou os homens *à sua imagem e semelhança*, deles exigindo total obediência. Não seria esse o protótipo da relação narcísica paterna, na medida em que – nesse modelo – os filhos têm que ser iguais aos pais, não podem ser diferentes, e não podem fazer escolhas próprias?

O modelo oposto, da paternidade-maternidade não narcísicos, está expresso na bela e conhecida poesia de Gibran:[25]

*Vossos filhos não são vossos filhos.*

*São os filhos e as filhas da ânsia da vida por si mesma.*

*Vêm através de vós, mas não de vós.*

*E embora vivam convosco, não vos pertencem.*

*Podeis outorgar-lhes vosso amor, mas não vosso pensamento,*

*Porque eles têm seus próprios*

*podeis abrigar seus corpos, mas não suas almas,*

*pois suas almas moram na mansão do amanhã,*

---

25 Gibran, G. K. (2001). *O profeta* (p. 19). Ediouro.

*que vós não podeis visitar nem mesmo em sonho.*

*Podeis esforçar-vos por ser como eles,*

*mas não procureis fazê-los como vós.*

*Porque a vida não anda para trás e não se demora com os dias passados.*

*Vós sois os arcos dos quais vossos filhos,*

*são arremessados como flechas vivas.*

*O arqueiro mira o alvo na senda do infinito e*

*vos estica com toda a sua força.*

*Para que suas flechas se projetem, rápidas e para longe.*

*Que vosso encurvamento na mão do arqueiro seja vossa alegria.*

*Pois assim, como Ele ama a flecha que voa,*

*ama também o arco que permanece estável.*

A importância do desejo parental na organização do psiquismo dos filhos tem diversas formulações teóricas, a começar com Freud, ao descrever o narcisismo dos pais,[26] desdobrando-se nas elaborações lacanianas em torno do Outro,[27] passando pelo "contrato narcisista" de Piera Aulagnier,[28] pela teoria da "sedução ge-

---

26 Freud, S. (1974). Sobre o narcisismo. In *Edição Standard das Obras Psicológicas Completas de Sigmund Freud* (Vol. XIV, pp. 108-108). Imago.

27 Lacan, J. (1979). *O seminário, livro 11: os quatro conceitos fundamentais da psicanálise* (pp. 198-202). Zahar.

28 Ruiz Correa, O. B. (2001, setembro). Os novos territórios do grupo familiar e a terapia familiar analítica. *Pulsional Revista de Psicanálise*, (149), 16.

SÉRGIO TELLES    51

neralizada" de Laplanche,[29] pelos "roteiros narcísicos dos pais" de
Manzano, Espasa e Zilkha,[30] para citar alguns.

Elas formam uma vertente teórica que permite postular uma
terapia familiar propriamente psicanalítica, levando ao estudo da
transmissão psíquica transgeracional ("objeto transgeracional"),
tal como teorizado por Kaës. Diz ele:

> *O desenvolvimento das pesquisas sobre a transmissão
> da vida psíquica a partir de novos dispositivos psicana-
> líticos implica em um novo modelo de inteligibilidade
> da formação dos aparelhos psíquicos e de sua articu-
> lação entre os sujeitos do inconsciente. Essas pesquisas
> criticam as concepções estritamente intradeterminadas
> das formações do aparelho psíquico e as representações
> solipsistas do indivíduo. . . . Os trabalhos psicanalíticos
> sobre o grupal nos encorajam a integrar, no campo da
> psicanálise, todas as consequências teórico-metodo-
> lógicas que derivam do levar em consideração a exi-
> gência do trabalho psíquico que impõe à psique sua
> inscrição na geração e na intersubjetividade.[31]*

A discriminação entre os espaços psíquicos *intrassubjeti-
vos, intersubjetivos* e *transubjetivos* permite dar o devido realce à

---

29 Laplanche, J. (1988). Da teoria da sedução restrita à teoria da sedução generalizada. In *Teoria da sedução generalizada e outros ensaios* (pp. 108-125). Artes
Médicas.

30 Manzano, J., Palacio Espasa, F., & Zilkha, N. (2001). Os roteiros narcísicos dos
pais. In *Livro anual de psicanálise XV*. (International Journal of Psycho-Analysis). Escuta.

31 Kaës, R. (1998). Os dispositivos psicanalíticos e as incidências da geração. In *A
transmissão do psiquismo entre gerações: enfoque em terapia familiar psicanalítica* (pp. 18-19). Unimarco.

interpretação dos diversos vínculos que se organizam na intersubjetividade de uma geração familiar e na transubjetividade de sua história.

Nesse sentido, Olga Correa salienta a relevância dos trabalhos de Abraham e Torok, que introduziram importantes conceitos operacionais, como os segredos de família que atravessam gerações ("clínica do fantasma" ou "assombração"), o luto impossível por uma pessoa significativa (o que o torna patológico), a identificação secreta com um outro ("fantasma de incorporação") e o enterro intrapsíquico de uma vivência vergonhosa e indizível ("cripta").[32]

# 3

Ainda falando sobre família, mas agora voltando a Machado de Assis, Schil[33] examina as diversas configurações familiares em sua obra e aponta algumas intuições machadianas que antecipam descobertas de Freud, tais como a importância das experiências infantis como determinantes na estruturação do sujeito, evidenciada no título de um capítulo do *Memórias póstumas de Brás Cubas*, "O menino é pai do homem". Cita um trabalho de Leme e Lopes que descreve a sintomatologia "paranoide" de Bentinho e a refere à dinâmica de uma família carente de figuras paternas com as quais pudesse se identificar. Schil discorda de Afrânio Coutinho, para quem, na obra de Machado, "não há nada na vida familial de que os membros possam se orgulhar; o egoísmo é a força diretora e as mulheres são geralmente estéreis, sem desejos nem aptidões

---

32 Ruiz Correa, O. B. (2001). Colóquio em homenagem a Nicolás Abraham e Maria Torok. In Olga B. Ruiz Correa (Org.), *Os avatares da transmissão psíquica geracional* (p. 9). Escuta.

33 Schil, M. H. (1988). Pais e filhos nos romances de Machado de Assis. *Luso-Brazilian Review, XXV*(2).

maternais; os filhos nascem para sofrer e causar aos pais tormentos, tristezas e aborrecimentos". Afrânio Coutinho conclui que Machado pouco destacou crianças e vida infantil em suas obras porque o autor teve uma infância infeliz, o que me parece bastante plausível.

Retomando os *gêmeos* de *Esaú e Jacó*, vamos vê-los crescendo na luta e na ambição, até se apaixonarem por Flora. Como sabemos, Flora morre sem escolher nenhum dos dois e os deixa sem muita disposição e garra, de volta aos braços da mãe, que "vivia agora enamorada dos filhos; levava-os a toda parte, ou guardava-os para si, a fim de os gostar mais deliciosamente, de os aprovar por atos, de auxiliar a obra corretiva do tempo".[34] Eles abandonam as profissões escolhidas, onde não se sobressaíram como esperado pela mãe, e são ambos eleitos deputados. Até a morte, a mãe espera "grandes coisas". Natividade não confessava, mas a ciência já não lhe bastava: "A glória científica parecia-lhe comparativamente obscura; era calada, de gabinete, entendida por poucos. Política não. Para um cético Conselheiro Aires, disse: Talvez já pensem na presidência da República".[35]

E o livro acaba assim, abruptamente, dando a impressão de inacabado, de não concluído, como se algo não tomasse forma definida e completa, não se configurasse, não se constituísse. Pedro e Paulo não se casaram, nada indica que venham a ser grandes homens no futuro. Não "floriram", não desabrocharam plenamente. Isso causa no leitor um certo desconforto e perplexidade, um estranhamento diante do vazio.

Talvez o sentimento despertado no leitor decorra da não constituição de Pedro e Paulo enquanto sujeitos. Submetidos ao desejo

---

34 Assis, M., *op. cit.* (p. 179).
35 Assis, M., *op. cit.* (p. 187).

da mãe, jamais puderam ter acesso a seus próprios desejos, fadados à alienação e ao fracasso.

Assim, vemos que o outro título do livro que Machado imaginara, *Ab ovo*, com suas conotações de *desde o ovo, desde o começo, desde a origem*, também seria muito pertinente por referir-se ao que, efetivamente, é a origem de tudo, ou seja, a fantasia e o desejo parental que antecedem, em muito, a própria concepção de cada ser humano. Somos imaginados, falados, desejados (ou não), muito antes de existirmos.

A saída dessa alienação no desejo do outro se dá pela castração simbólica, pela entrada no Édipo, quando o pai joga um papel da maior importância, rompendo a relação narcísica especular do filho com a mãe. Em *Esaú e Jacó*, o narrador nos mostra o pai de forma curiosa. Atribui-lhe uma alegria maior do que a da mãe ao saber da concepção e faz um comentário ambíguo ao associar a gravidez com o nascimento de Isaac da coxa de Abraão. Essa citação refere-se mais imediatamente à já mencionada espera de dez anos pela concepção, o que caracterizaria os pais como "velhos", e com o estabelecimento da aliança entre Deus e Abraão. Mas evoca também o nascimento de Dionísio da coxa de Júpiter, assim como o nascimento de Minerva da cabeça de Júpiter, figuras mitológicas que caracterizam o pai numa disputa com a mãe pelo papel feminino e maternal na concepção e gestação, ou seja, fora de seu papel masculino, paterno. Posteriormente, o pai é descrito sempre muito ocupado, às voltas com a grande finança, ficando os *gêmeos* sob o influxo exclusivo da mãe. Na medida em que o pai não exerce a função paterna, Pedro e Paulo não conseguem romper a ligação com a mãe e, quando adultos, fracassam em estabelecer uma relação exogâmica. A relação dos dois com Flora é um tênue disfarce da fixação à mãe, a mesma mulher por quem ambos continuavam enamorados.

*Esaú e Jacó* poderia ser visto como uma ilustração da importância do desejo dos pais no psiquismo dos filhos. Ao criá-los como *gêmeos*, Machado reforça essa imagem, na medida em que a gemelaridade simboliza a divisão interna estrutural do ser humano, a percepção de seu duplo, do Inconsciente e a compreensão de que esse Inconsciente é o desejo de um outro estranho, com o qual mantemos essa relação especular narcísica.

Publicados em 1904 e 1908, respectivamente os anos da morte da mulher Carolina e de sua própria morte, Machado exibe em *Esaú e Jacó* e *Memorial de Aires* um distanciamento depressivo com o qual olha a vida já vivida, na qual não se pode "parar no D"; é impossível deter a corrente do tempo.

Embora a ausência de filhos seja um tema recorrente em *Memorial de Aires*, vamos encontrá-lo, de forma menos explícita, nos outros grandes livros de Machado. Quincas Borba, Rubião e Brás Cubas não procriaram, é conhecida a forma como se encerram as *Memórias póstumas*: "Não tive filhos, não transmiti a nenhuma criatura o legado da nossa miséria".[36] Bentinho, por sua vez, o único dos grandes personagens que tem filho, na verdade o rejeita, na medida em que pensa ser ele filho de Escobar, suposto amante de Capitu.[37]

Estaria isso ligado aos sentimentos de Machado frente ao fato de nunca ter tido filhos? Seguramente teria sublimado o desejo da paternidade biológica com a criação de grandes obras literárias, mas o tom de desalento em sua obra final talvez indique a permanência da dor provocada pela ausência de filhos, causa de funda ferida narcísica, como mostrou Freud no caso Schreber.[38]

---

36 Assis, M., *op. cit.* (p. 173).
37 Vide p. 185.
38 Freud, S. (1969). Notas psicanalíticas sobre um relato autobiográfico de um caso de paranóia (dementia paranoides). In *Edição Standard das Obras Psicológicas Completas de Sigmund Freud* (Vol. XII, p. 78). Imago.

# Spencer Tunick e seus corpos nus

A fotografia, criada em meados do século XIX, teve uma extraordinária difusão no século seguinte e alcançou um novo patamar de popularidade com o avanço da tecnologia digital.

Seja como registro histórico, ampliando de forma inusitada a iconografia de fatos e personagens de uma época, seja como nova expressão artística que forçou as artes plásticas (a pintura, principalmente) a procurarem novos paradigmas, o fato é que a fotografia mudou nossa maneira de ver o mundo e a nós mesmos.

Ela é a mãe do cinema e da televisão, que fizeram nossa cultura abandonar uma tradição ancorada na escrita e se submeter ao poder da representação figurativa visual.

Entre as muitas imagens icônicas do século XX, estão aquelas ligadas ao Holocausto, aos campos de extermínio criados pelos nazistas. Refiro-me especificamente às fotos que mostram centenas, talvez milhares de corpos mortos esqueléticos empilhados uns sobre os outros, jogados em valas comuns. Eles mostram a que ponto pode chegar o desvario dos totalitarismos e das ideologias – essas religiões leigas tão mortíferas quanto as espirituais.

Em seu mudo estupor, aqueles corpos prescindem dos rituais usados pela cultura para ocultar a ofensa da morte. Sem véus encobridores, eles também nos lembram que um dia, em algum lugar, restará nossa carcaça que outros logo tratarão de descartar.

As imagens dos corpos amontoados das vítimas dos nazistas alemães me vieram à mente ao ver as fotos de Spencer Tunick.[1] Como se sabe, Tunick se notabilizou pelas fotos de homens e mulheres que, atendendo a sua convocação realizada em várias cidades do mundo, se despem e se deixam fotografar juntos, aglomerados em grandes grupos.

Os corpos vivos e nus de Spencer Tunick são a contrapartida dos corpos nus e mortos dos campos de extermínio, e nisso reside sua dimensão ética e política.

As fotos dos corpos mortos nos campos de extermínio evidenciam a destrutividade exercida pelos controles totalitárias, que eliminam a liberdade e a vida das populações. As fotos de Tunick demonstram a criatividade da arte, a prática da liberdade, o amor à vida e o respeito aos direitos civis preconizados pela democracia. Aqui estão fotógrafo e fotografados, cidadãos exercendo seu direito de ir e vir, seguindo exclusivamente os ditames de suas consciências, sem dever explicação alguma a censores de qualquer tipo do Estado. A participação no evento é uma escolha individual de cada um, livre de qualquer imposição externa, e expressa exclusivamente o desejo pessoal de participar na execução de uma obra de arte. É uma manifestação de vida e liberdade.

Os corpos de Spencer Tunick oferecem um outro impacto ao observador. Quando se veem fotografias de grandes grupos humanos, eles estão habitualmente em estado de alerta ou movimentação.

---

1 Sugiro que o leitor procure nos buscadores de internet as fotos de Tunick.

São multidões participando de espetáculos esportivos ou musicais, de cerimônias políticas ou religiosas. Mas não nas fotos de Spencer Tunick. Nelas os corpos estão em paz. Deitados ou de pé, imóveis, dispostos segundo as escolhas do artista, a visão desses corpos faz pensar que é possível a proximidade física pacífica, não agressiva, entre os homens. Eles também fazem pensar que é possível a proximidade entre os homens sem que sejam eles dominados pela concupiscência. Sim, as fotos são curiosamente despojadas de qualquer apelo erótico. Os corpos de Tunick, que com sua nudez exibem sua carnalidade, apontam para a possibilidade da sublimação, de direcionar as pulsões básicas de amor e ódio para a produção de algo que as transcende.

Os corpos de Spencer Tunick estão tranquilos, como se dormissem. Despidos de roupas, de convicções, credos, ideologias, são tocantes em sua vulnerabilidade física. Estão reduzidos à sua essência humana básica. Mantêm a diferença impossível de ser negada dentro de uma igualdade irreversível, aquele que Freud chamou de "destino" – a diferença sexual.

Apesar de os corpos nus vivos de Tunick serem a contrapartida dos corpos nus mortos dos campos de extermínio, eles têm algo em comum que provoca uma inquietante estranheza no observador. Eles evocam a inércia e passividade que possibilitam a manipulação e o controle das massas, hoje em dia exercidas não apenas pela coerção totalitária convencional (como no tempo do nazismo alemão), mas pelas grandes mídias, pela propaganda e pela publicidade, pelo poder das redes sociais.

Não deveria surpreender que os corpos, em sua densa materialidade, possam remeter a tantas questões. Basta lembrar a escultura grega, que, através da representação do corpo, aponta para valores que o transcendem, como a ética, a moral, a estética.

## 60 SPENCER TUNICK E SEUS CORPOS NUS

A diferença entre a apreciação de uma obra de arte e o consumo massificado de informações fica patente na maneira como o acontecimento provocado pelas fotos de Tunick foi explorado pelos meios de comunicação e programas populares da televisão. Em busca do escândalo e da vulgaridade, repórteres constrangeram com impertinências aqueles que acudiram ao chamado do artista, oferecendo seus corpos para a fotografia.

Algum dia será fechado o fosso entre a arte e consumo de massa?

# Munch no porta-joias freudiano[1]

Sally Epstein é grande conhecedora da obra de Edward Munch (1863-1944), o extraordinário pintor e gravurista norueguês, pai do expressionismo. É também proprietária do que talvez seja a maior coleção particular de obras do artista. Tão extenso é seu acervo que sempre é solicitado para exposições itinerantes em vários museus dos Estados Unidos e da Europa.

Em sua opinião, há quatro obras-primas entre as gravuras de Munch. São elas *A esfinge ou Três momentos na vida de uma mulher, O grito, Luar* e *Alma mater.*[2]

Examinaremos aqui apenas a primeira delas, ou seja, *A esfinge.* Epstein entende essa obra de Munch como a representação do ciclo vital das mulheres ou de aspectos diferentes de uma mesma mulher. Diz:

---

1 Publicado em *O Estado de S. Paulo*, Suplemento Cultura, 1 de outubro de 1988.
2 Sugiro que o leitor procure vê-las nos buscadores da internet.

*A inocente menina à direita estaria imaginando um mundo ideal perdido ainda nas brumas do futuro, talvez temerosa do que a espera, o peso da vida adulta, da maturidade, da sexualidade. A figura dominante da litografia é a sensual mulher do centro, cujo abdome arredondado talvez indique gravidez. Tem os olhos semicerrados, talvez por prazer, por dor. Finalmente temos aquele que seria o último estágio de vida de uma mulher, representada na figura de negro, com faces encovadas, à esquerda no quadro. Seria a velhice, quem sabe a viuvez, a doença, a solidão. A mulher mal se distingue da escura floresta a suas costas, apenas uma tênue linha branca – quase imperceptível – impede que ela se funda completamente com o* background, *talvez representando o que lhe ocorrerá quando seu corpo retomar à terra depois da morte.*[3]

Epstein sugere que as três mulheres podem representar pessoas da vida de Munch – sua irmã Sophie, que morreu de tuberculose aos 15 anos; Tula Larsen, uma de suas mulheres; sua mãe, morta precocemente vitimada pela tuberculose, esgotada pela rápida sucessão de muitos partos. Ou ainda sua amada tia solteirona que o criou juntamente com seus irmãos e o orientou para as artes.

Epstein julga ver à esquerda do quadro um impreciso esboço do que seria uma mandrágora, planta que Munch frequentemente incluía em suas pinturas. A mandrágora, talvez pela forma de suas raízes, que se assemelham ao corpo humano, era cercada de superstições e medos na Idade Média. Pensava-se que ela gritava ao ser arrancada do solo à noite e que teria propriedades afrodisíacas.

---

3 *Connoiseur*, junho de 1986.

"Talvez represente o mistério e o poder das mulheres para Munch", diz ela.

A gravura – a meu ver – comporta outra interpretação. Na verdade, mais que isso, ilustra perfeitamente "O tema dos três escrínios".[4] Nesse texto, partindo de duas peças de Shakespeare, Freud chega a surpreendentes conclusões.

Em *O mercador de Veneza*, Portia tem vários pretendentes que devem escolher entre três porta-joias, respectivamente de ouro, prata e chumbo. Num deles está seu retrato. Bassânio, que escolhe o terceiro, de chumbo, é o vencedor.

O tema teria sido recolhido por Shakespeare na *Gesta Romanotum*, uma compilação medieval de histórias de autores desconhecidos. Uma delas conta que uma moça tem que fazer escolha semelhante para conquistar o filho do imperador. Aí também o chumbo é o portador da sorte.

Em *O mercador de Veneza* há uma troca sutil. Dessa vez, quem deve escolher entre três porta-joias é um homem. Ora, desde o famoso Caso Dora e mesmo antes, Freud já descobrira, ao analisar os sonhos, que *porta-joias, caixas, cestos* são símbolos sexuais femininos que representam a mulher. Assim traduzido, o tema seria a escolha de uma entre três mulheres, feita por um homem.

A mesma escolha entre três mulheres é vista em *Rei Lear* – ele deve escolher, entre as três filhas, aquela que mais o ama, aquinhoando-a com uma herança maior. Também aí a terceira, Cordélia, é a escolhida, apesar de permanecer muda.

---

4 Freud, S. (1969). O tema dos três escrínios. In *Edição Standard das Obras Psicológicas Completas de Sigmund Freud* (Vol. XII). Imago.

Situações semelhantes aparecem em vários mitos e contos de fadas. O pastor Paris, por exemplo, precisa escolher entre três deusas e a terceira é a vencedora. Cinderela é a preferida entre três irmãs. Psiquê – na versão de Apuleio – é a mais jovem de três irmãs.

Assim, se ficarmos apenas com Cordélia, Cinderela, Afrodite e Psiquê, notam-se, sempre, três irmãs e a terceira, sem exceção, é a escolhida.

Freud observa algo em comum nessas mulheres, além da beleza. Seria o silêncio, a mudez, a falta de eloquência. Cordélia, "irreconhecível, inconspícua como o chumbo, ama e cala". Cinderela se esconde para não ser encontrada. Talvez se possa traduzir "ocultamento" como mudez. Bassânio, ao escolher o porta-joias de chumbo, diz: "Tua palidez comove-me muito mais que a eloquência". Afrodite, no libreto de Offenbach, "não diz nada".

Usando, como sempre, dados obtidos na clínica, Freud revela que a mudez nos sonhos é um símbolo comum da morte. Cita ainda dois contos de fada de Grimm (*Os doze irmãos* e *Os sete cisnes*) em que também claramente a mudez da princesa representa a morte, com a qual salvaria os irmãos.

Conclui Freud que a escolha da terceira mulher, na verdade, revela a escolha de uma morta, ou melhor, da própria Morte. Fica clara então a ligação entre os três porta-joias, as três mulheres, as três irmãs, com os mitos das Parcas, das Horas, das Nornas – as regentes do destino humano, aquelas que o conduzem até o inelutável fim, a morte.

Freud chega então a uma aparente contradição. Como explicar os relatos nos quais a escolhida – uma mulher linda e adorável – seja, pelo contrário, a representante do encontro assustador com a morte, encontro *não escolhido*, mas *imposto*, e ao qual todo homem tem que se submeter?

Mas é exatamente isso que Freud quer provar, num bom exemplo das inversões ocorridas entre os conteúdos inconscientes e os conscientes no psiquismo. O conteúdo manifesto (consciente) – a escolha de uma linda mulher – esconde o conteúdo latente oposto (inconsciente) – a não escolha, o ter que se curvar frente a uma imposição irrevogável e temida, a morte. Seria essa uma tentativa do homem de contornar o problema da morte, transformando-a à luz de seu desejo.

Freud termina o texto dizendo:

> *Poderíamos argumentar que o que se acha representado aqui são as três inevitáveis relações que um homem tem com uma mulher – a mulher que o trouxe à luz, a mulher que é sua companheira e a mulher que o destrói, ou – que elas são as três formas assumidas pela figura de mãe no decorrer da vida de um homem – a própria mãe, a amada que é escolhida segundo o modelo daquela e, por fim, a Terra-Mãe, que mais uma vez o recebe.*

Parece-me, portanto, que *A esfinge* ou *Três momentos na vida de uma mulher* ilustra muito bem essa escolha paradoxal. E Munch, ao nomear sua obra, deu indícios de que a intuía.

Entendemos então que a severa figura de negro à esquerda, toda vestida, apenas com o rosto descoberto é a mãe; uma mãe jovem, longe da ideia de uma velha, que seria a opinião de Epstein. A fina linha branca que a discrimina do fundo escuro deixa claro o porte e a postura de uma mulher forte e jovem. Seria a mãe severa e proibida sexualmente, interdito objeto amoroso para o filho. Em flagrante oposição, aparece a exuberante sensualidade da mulher amante, com os olhos velados pelo prazer, pelo gozo. Apesar do contraste entre as duas figuras, inclusive no plano formal, do jogo de claros e escuros, elas formam uma unidade, em contraponto com a terceira. Claramente, as duas primeiras são figuras fortes, pesadas, tridimensionais, de carne e osso, com os pés no chão, olham diretamente para a frente, encarando quem as vê, estão no mesmo nível, equiparadas, iguais de certa forma. Tudo é diferente em relação à terceira figura – incorpórea, etérea, diáfana, de traços indistintos pairando acima do solo, mais parece uma alma penada. Não encara a mesma direção que as outras. Olha perdidamente para outra dimensão, para além do mar, da água, da estrada que passa por perto e segue para o infinito. É a Morte.

Talvez seja esse o enigma da Esfinge, o "mistério e o poder das mulheres", como diz Epstein. Minha interpretação não está muito distante da de Epstein, apenas organiza e hierarquiza os elementos de outra maneira.

É interessante lembrar o que Max Schur[5] diz das motivações para Freud escrever este trabalho, que trata tão diretamente do medo da morte nos homens. Na ocasião em que o escreveu, Freud estava sob o impacto da notícia de um câncer em seu jovem amigo Binswanger (que ainda viveria uns cinquenta anos após tal notícia!) e preocupava-se com a velha mãe doente de 77 anos. Freud vivia ainda intensamente um conflito semelhante ao de Rei Lear – escolhera Jung como seu herdeiro intelectual, o "delfim da psicanálise", e com ele estava em franco litígio.

---

5 Schur, M. (1981). *Freud: vida e agonia*. Imago.

# O que está em jogo no esporte?[1]

Eros e Tânatos, as duas grandes forças ou pulsões que comandam vidas, manifestam-se como Amor e Ódio, com suas ricas possibilidades construtivas e destrutivas.

Os processos de crescimento, desenvolvimento e amadurecimento – em que pese o viés biologizante implícito nesta formulação – consistem no progressivo domínio dessas duas forças; em saber lidar com elas tanto interna como externamente; na capacidade de manipulá-las dentro de referenciais realísticos, já distantes daqueles regidos pelo desejo e pelas fantasias infantis, que, não obstante, estão indelevelmente registrados no inconsciente e permanentemente passíveis de inoportuna e extemporânea atualização.

Na verdade, esse é um trabalho de Sísifo, sempre recomeçado, pois as formas infantis de funcionamento mental sempre estarão presentes e sempre se oporão à forma adulta e racional.

---

1 Publicado no *Jornal da Tarde*, Caderno de Esportes, 11 de agosto de 1996.

A Cultura e a Civilização se fundam na regulamentação e legislação dessas pulsões. Para tanto, usam dos mecanismos de repressão e sublimação. A Lei diz: não podemos satisfazer diretamente os desejos sexuais e agressivos, pois eles colidem com os mesmos desejos presentes em nossos semelhantes. Se todos procurassem concretizá-los assim, se instalaria um conflito incessante entre os homens, inviabilizando qualquer possibilidade de vida em comum.

Essas forças têm de encontrar formas de expressão socialmente aceitáveis. Idealmente, apenas uma parcela das pulsões sexuais e agressivas mantém sua possibilidade original de descarga. Todo o restante deve se transformar em amor dessexualizado, em amizade, em companheirismo; deve ser usado para organizar um trabalho produtivo, criando instrumental técnico adequado às necessidades práticas cotidianas e bens artístico-culturais.

Nesse sentido, os esportes têm a importante função de canalizar a agressividade, proporcionando-lhe uma expressão sublimada, regulamentada e controlada.

Os jogadores expressam diretamente a agressão estilizada e sublimada nos jogos. Os espectadores, através do mecanismo de identificação com os jogadores, também descarregam suas pulsões agressivas na disputa esportiva.

O processo que leva da expressão direta da agressão à sua manifestação sublimada pode reverter, voltando a permitir o extravasamento da pura violência, como frequentemente ocorre em muitos jogos. O mesmo pode ser observado na massa de espectadores, que facilmente abandona a identificação com os jogadores e sua manifestação sublimada, partindo para a descarga direta da agressividade, depredando bens públicos e privados, agredindo todo aquele que ousar tentar reprimir-lhes os atos de vandalismo, fenômeno que tem nos *hooligans* sua manifestação mais cabal e indiscutível.

Os processos de identificação mobilizados pelos esportes não se restringem à expressão da agressividade.

As equipes esportivas, na maioria das vezes, representam agremiações, clubes, lugares, grupos humanos os mais variados.

Aqueles que são representados pela equipe esportiva estão fortemente identificados com ela. Assim, as rivalidades entre comunidades, estados, etnias se manifestam nas disputas entre as equipes esportivas. Mais uma vez, a sublimação proporcionada pelo esporte, pelos jogos, permite uma vazão, na maioria das vezes pacífica, de pulsões hostis muito intensas.

Vê-se na TV a imensa capacidade de mobilização afetiva desencadeada por um acontecimento como campeonatos e a Copa do Mundo. Sentimentos nacionalistas e patrióticos mantidos em silêncio na maior parte do tempo emergem com força, fazendo com que a identificação da equipe esportiva com o que ela representa passe a ter – nos momentos mais intensos – uma concretude quase palpável: é a própria nação, é a própria pátria que está ali jogando no campo.

Em nossas sociedades industrializadas, os jogos fazem parte da indústria de entretenimento, que os apresenta em grandes espetáculos para multidões. Que o grande capital manipule essa forte mobilização afetiva de massa para a produção de mais riqueza da qual se apossa, excluindo aqueles que a produziram, é mais um impasse da economia capitalista.

# O desejo em Santa Teresa d'Ávila e em Freud[1]

"Há mais lágrimas derramadas pelas preces atendidas do que pelas feitas em vão."[2] O que teria levado Santa Teresa d'Ávila, a grande mística de século XVI, a afirmar tal coisa? Vinda de quem vem, a afirmação parece desconcertante, se não blasfema. Esperaríamos de Santa Teresa d'Ávila algo oposto: uma jubilosa afirmação de gratidão e agradecimento, dado que ter as preces atendidas deveria ser duplamente gratificante: não só satisfaria algum desejo específico e circunstancial, como também – e muito mais importante – o atendimento em si evidenciaria o amor do criador diretamente dirigido à pessoa do pedinte, sendo esta – por definição – a felicidade suprema a ser vivida pelo religioso, esse momento glorioso de comunhão com o Criador.

De onde teria Santa Teresa d'Ávila tirado os tons desconsolados e melancólicos com os quais reveste sua assertiva? É indiscutível,

---

1 Publicado no jornal *Folha de São Paulo*, Folhetim, 22 de outubro de 1988.
2 Citado por Truman Capote no prefácio do livro *Música para camaleões* (p. 13), publicado pela Nova Fronteira em 1981.

entretanto, sua profunda intuição do psiquismo humano, sendo passível de fundamentação psicanalítica.

A ideia central de Santa Teresa d'Ávila indica que a realização de desejos ("ter as preces atendidas") tem um efeito paradoxal, provoca lágrimas e não a esperada felicidade.

A respeito de realizações de desejos, Freud diz:

> *um segundo fator, muito mais importante e de maior alcance, mas que é igualmente desprezado pelos leigos é o seguinte: não há dúvida de que a realização de desejos deva trazer prazer – mas surge então a questão – "Para quem?" Para a pessoa que tem o desejo, naturalmente. Mas, como sabemos, a relação do que sonha com seus desejos é muito peculiar. Ele os repudia e censura – em resumo – não tem apreço por eles – de maneira que a sua realização não lhe trará prazer, mas exatamente o oposto, e a experiência nos mostra que este oposto aparece sob a forma de ansiedade, fato que ainda tem que ser explicado. Desse modo o que sonha em relação a seus desejos oníricos só pode ser comparado a um amálgama de duas pessoas separadas que se acham ligadas por algum importante elemento comum. Em vez de estender-me sobre isso, lembrar-lhes-ei um conto de fada familiar em que encontrarão repetida a mesma situação. Uma fada boa prometeu a um pobre casal garantir-lhes a realização de seus três primeiros desejos. Eles ficaram deliciados com isso e se dispuseram a escolher cuidadosamente os três desejos. Entretanto, um cheiro de linguiça que estava sendo fritada na cabana vizinha tentou a mulher a desejar algumas. Num instante elas estavam ali – e essa foi a primeira realização de desejos.*

*O homem, porém, ficou furioso e em sua fúria desejou que as linguiças fossem dependuradas no nariz da mulher. Isso aconteceu também e as linguiças não puderam ser deslocadas de sua nova posição. Foi a segunda realização de desejo, mas o desejo fora do homem e sua realização foi muito desagradável para a esposa. Vocês já conhecem o resto da história. Uma vez que – afinal de contas – eles eram realmente um só – marido e mulher –, o terceiro desejo teve de ser que as linguiças se despregassem do nariz da mulher. Esse conto de fadas poderia ser empregado em muitas outras conexões. Mas aqui serve apenas para ilustrar a possibilidade de que, se duas pessoas não se encontram unidas uma à outra, a realização do desejo de uma delas não pode acarretar senão o desprazer para a outra.*[3]

Freud mostra que o casal representa o sujeito dividido entre Inconsciente e Consciente. Como o desejo de uma parte não é aceito pela outra, o que traz prazer para uma traz desprazer (angústia, sofrimento) para a outra. Deve-se notar, no exemplo de Freud, esta peculiar contradição: o desejo não pode ser satisfeito, pois o casal (representando o sujeito) desperdiça a oportunidade oferecida pela fada, uma vez que os dois pedem coisas incompatíveis, que se anulam, o que os deixa sem nada, como no início.

Sendo assim, que desejam, de fato, as pessoas? Ficariam efetivamente satisfeitas se conseguissem realizar seus desejos? De que se queixam? Qual é o motivo de suas lamentações? De situações objetivas, reais, atuais? De situações imaginárias? Qual é a realidade em jogo no desejo?

---

3 Freud, S. (1972). A interpretação dos sonhos. In *Edição Standard das Obras Psicológicas Completas de Sigmund Freud* (p. 619). Imago.

O DESEJO EM SANTA TERESA D'ÁVILA E EM FREUD

Freud estabeleceu uma importante discriminação entre realidade *externa* e realidade *interna* (psíquica) a partir de sua chamada "teoria da sedução". No início de seu trabalho, ao ouvir suas pacientes relatarem ataques sexuais perpetrados por figuras parentais das quais teriam sido vítimas, Freud deu-lhes crédito, considerando tais ataques como eventos traumáticos ocorridos efetivamente na realidade. Freud dava, nessa época, ênfase total à realidade externa enquanto desencadeante da problemática psíquica, até descobrir que estava enganado. Tais relatos passaram a ser compreendidos como expressão da *realidade psíquica*, fantasias de realização de desejos do paciente relacionados com o complexo de Édipo. Com isso, Freud passa a ter um interesse menor pela realidade externa enquanto geradora de eventos significativos (traumas) capazes de justificar a sintomatologia dos pacientes e a atribuir uma importância muito maior ao mundo interno, à fantasia decorrente do movimento pulsional como o fator decisivo do acontecer psíquico. Na verdade, o problema é mais complexo e mereceria maiores considerações, que não cabem no momento. Apenas direi que Laplanche elabora uma "teoria da sedução generalizada",[4] a qual dá o peso certo – em minha opinião – a essas duas vertentes inseparáveis do acontecer psíquico – a realidade e a fantasia. Leclaire mostra de que maneira a realidade do inconsciente dos pais, que a criança vai introjetar, é de absoluta prioridade[5] em sua constituição. Em linhas gerais, é possível dizer que a realidade focalizada pelo analista é a do passado do paciente, moldado pelo desejo inconsciente dos pais, "realidade" que ele introjetou e à qual está fixado, procurando a todo custo restaurar, recusando-se a ver o presente. Mesmo os grandes traumas, os grandes acontecimentos da realidade imediata

---

4 Laplanche, J. (1988). *Teoria da sedução generalizada e outros ensaios* (pp. 108-125). Artes Médicas.

5 Leclaire, S. (1977). *Mata-se uma criança* (pp. 18-23). Zahar.

externa vão ser absorvidos e elaborados dentro de um substrato, de uma estrutura já estabelecida.

Essa dicotomia entre realidade e fantasia, a importância de cada uma delas como geradora de prazeres e frustrações, poderia ser exemplificada com uma situação macroscópica, social – as diferenças de classe e suas decorrências diretas. A discrepância entre ricos e pobres se impõe de imediato e facilmente pensaríamos que os pobres têm tudo para serem infelizes e, vice-versa, os ricos tudo para serem felizes. Uns nada têm e são forçados a conviver com a miséria, a humilhação, a degradação. Os outros têm todas as facilidades, vivem na abundância e, portanto, seriam felizes.

Mas logo se constata que os ricos "também sofrem", uma banalidade tantas vezes explorada em dramalhões, folhetins e novelas populares. A recorrência dessa temática não é gratuita. No imaginário das massas que vivem sob o peso de enormes necessidades, presas à luta incessante pela sobrevivência diária, os ricos – por terem tudo que elas não têm – são idealizados como os detentores da felicidade, da satisfação, do prazer. A constatação de que tal ideia não é inteiramente verdadeira – os ricos têm tudo, sim, mas não estão satisfeitos, não são felizes – é um paradoxo desconcertante, que surpreende e remete a questão para outros campos.

A constatação de que os que tudo têm "também sofrem" explicita a surpresa diante do fato de o sofrimento vir de um outro lugar, assim como força a discriminação entre dois tipos de sofrimento – aquele causado pela realidade externa imediata, tão bem representado pela pobreza, com todas suas impossibilidades, frustrações, privações, e um outro sofrimento, para o qual tais explicações já não mais são suficientes. Essa discriminação muitas vezes é difícil de ser feita por aqueles submetidos à pobreza, condição na qual estão misturados e fundidos esses dois tipos de sofrimento. Como um deles é tão gritante, facilmente se tomaria a parte pelo todo.

Evidentemente, a constatação de que os ricos "também sofrem" não deve levar à conclusão de que os pobres nada devem fazer para sair de sua miséria, dado que, ao sair dela, apenas se defrontariam com um outro tipo de penúria.

Mencionei a literatura popular, folhetins e dramalhões que exploram o tema "os ricos também sofrem", para espanto e prazer dos desvalidos. Mas Scott Fitzgerald, ao afirmar que "os ricos são diferentes", aponta para essa mesma questão – eles são diferentes por sofrerem apesar de estarem a salvo das necessidades e privações materiais. Truman Capote (que usou a frase de Santa Teresa d'Ávila como epígrafe do livro que deixou inacabado, cujo nome dela também retirou, *Answered prayers*), em seu conto "Pequenos ataúdes", mostra seus personagens – pessoas poderosas, ricas, todas além de qualquer imposição da luta pela sobrevivência – tomados por violentos sentimentos que desconhecem e não dominam e que, varridos por paixões furiosas, traçam um périplo assombroso com seus destinos.

Truman Capote, Shakespeare e tantos outros escritores e dramaturgos sabiam que aqueles personagens ricos e poderosos, que tiveram suas "preces atendidas", na posse de todos os bens materiais possíveis, permaneciam infelizes e insatisfeitos, em busca de algo que, mesmo assim, lhes faltava. Continuavam a desejar e, na procura da satisfação de seus desejos, executavam os mais tresloucados gestos, agiam da forma mais destrutiva ou se expunham a graves riscos, condenados a obedecer aos imperativos de uma louca sanha ignota, incontrolável, desconhecida.

Essa é uma experiência comum para o psicanalista em seu consultório. É aí onde ele vê o homem se defrontar com desejos dos quais não tem conhecimento, desejos inconscientes ancorados para todo o sempre na infância, no passado, este estranho passado presentificado sem cessar nas atuações do paciente, permanentemente ressignificado, o que faz com que, sem se aperceber, ele (o paciente) chegue a plasmar inteiramente a realidade atual e o presente, para voltar a revivê-lo, a reencená-lo. É aí que o psicanalista pode ajudar o analisando, impedindo-o de se deixar levar pelo arcaico, pelo extemporâneo, pelo louco, proporcionando-lhe um saber sobre seu inconsciente, dando-lhe recursos para melhor lutar e lidar com ele.

Agora podemos retomar a frase de Santa Teresa d'Ávila, "há mais lágrimas derramadas pelas preces atendidas que por aquelas feitas em vão", e tentar entendê-la à luz do foco psicanalítico. Santa Teresa, como já sugerimos, descobriu que os homens não sabem o que querem. Refere-se à marcante experiência daquele que, ao ter seus desejos realizados, defronta-se – entre assustado e perplexo – não com a satisfação, e sim com uma incômoda sensação de insatisfação. Ao ser obtido, aquilo que antes fora ardentemente desejado parece perder o valor que se lhe atribuía e o desejo se desloca para um outro objeto, ainda não possuído. O sujeito tem uma vivência de estranheza, pois vislumbra seu desconhecimento de si mesmo. Por alguns momentos pode ter uma intuição da divisão interna, da descontinuidade de seu psiquismo, da onipresença do Inconsciente, em permanente conflito com a Consciência.

Dentro do próprio referencial religioso, talvez possamos entender a frase de Santa Teresa d'Ávila como a descoberta do ilusório que é qualquer prazer que não seja o da união, da comunhão com Deus, experiência mística por excelência. Sendo assim, o atendimento de qualquer prece decepciona e não satisfaz, pois o que a alma efetivamente deseja não é meramente aquilo que pediu, e sim – e, muitas vezes, sem o saber – esse retorno a Deus, a comunhão com Ele, a fusão com o Criador. Assim, a realização de qualquer pedido, de qualquer desejo que não seja o da fusão, redunda imediatamente no fracasso, na desilusão, na infelicidade.

# 78 O DESEJO EM SANTA TERESA D'ÁVILA E EM FREUD

A experiência do gozo místico – fundamento da assertiva de Santa Teresa d'Ávila – aproxima-se notavelmente da concepção psicanalítica do gozo, do princípio de Nirvana, da pulsão de morte, a descarga absoluta de tensões, cujo modelo é a fusão com a mãe, a Coisa,[6] a Criadora.

Poderíamos dar então uma última tradução à frase de Santa Teresa: quão desconcertante é ser atendido nas preces e constatar-se insatisfeito e infeliz, pois isso não fez mais do que colocar em evidência a estranheza do desejo humano. Freud dizia que é o desejo o que coloca automaticamente em movimento nosso aparelho psíquico[7] e, em última instância, almeja o impossível, o gozo absoluto, a inatingível fusão regressiva com o outro, com a mãe, essa mistura de realização inebriante, recuperação da plenitude inicial quando não havia necessidades e desejos, a vida fluía completa no resplendor escuro do útero materno, na complementação especular, no ser o desejo do outro.

Momentos de gozo, fronteira da vida e da morte, essa fusão total tão desejada jamais será recuperada por ser absolutamente incompatível com a própria existência do sujeito enquanto tal.

---

6  Lacan, J. (1988). *O seminário, livro 7: a ética da psicanálise*, citado por Alain Juranville. (1981). *Lacan e a filosofia* (pp. 188-193). Jorge Zahar.
7  Freud, S. (1972). A interpretação dos sonhos. In *Edição Standard das Obras Psicológicas Completas de Sigmund Freud* (p. 636). Imago.

# Espelho, espelhos[1]

Depois de atravessar as inúmeras salas e aposentos de Versalhes, repletos de magníficas obras de arte, o mobiliário mais fino, quadros e esculturas, um desavisado visitante talvez se espante ao chegar à Galeria dos Espelhos. Seu olhar moderno queda perplexo, comparando o esplendor das salas anteriores com essa, pois, para aquele visitante, a comparação a deixa em franca desvantagem. A Galeria lhe parece despropositada, à beira do mau gosto, do *kitsch*.

Ignora o desavisado visitante que na época em que ali foram colocados, os espelhos valiam mais que muitas obras de arte e somente um rei da grandeza de Luís XIV poderia dar-se àquele luxo em seu palácio. Ignora ainda que muito da própria fama de Versalhes – essa expressão máxima da monarquia absolutista – é devedora da abundância com que os espelhos foram ali usados, moda então lançada e imediatamente copiada pelas outras cortes europeias.

---

1 Publicado no jornal *Folha de S.Paulo*, Folhetim, 11 de março de 1989.

## 80 ESPELHO, ESPELHOS

O espelho, atualmente acessível a qualquer bolso, foi, durante séculos, privilégio dos muito ricos, da aristocracia. Remotamente sob a forma de discos de metal polido, é somente a partir do século I que aparece a técnica do vidro com aplicação de uma fina camada de prata, técnica que se firmou definitivamente na Idade Média. O segredo de sua fabricação era guardado a sete chaves e nos séculos XII e XIII Veneza e Nuremberg eram seus mais famosos centros produtores.[2]

Muito equivocado seria, entretanto, concluir que a produção em larga escala tenha banalizado o espelho e o relegado a um posto humilde de apenas mais um objeto do uso cotidiano. Se, de fato, como elemento de decoração perdeu o prestígio exclusivista ostentado em Versalhes, ele continua sendo usado, dentro das oscilações da moda, em maior ou menor intensidade, nos espaços sociais públicos e privados. Mais ainda: podemos até dizer que sua acessibilidade só fez aumentar sua importância. O espelho invadiu todas as casas e instalou-se nos locais onde o homem mais preza sua privacidade – seus dormitórios, seus banheiros.

Digamos assim: antes só presente nos grandes palcos do acontecer social, como a Galeria de Versalhes, o espelho adentrou os camarins, onde os atores se preparam para entrar em cena nos atos públicos. Protegidos nos recessos de sua intimidade, os homens não só se olham no espelho, mascarando-se para os encontros sociais, mas também, e principalmente, se olham – entre abismados, temerosos, perplexos – para se verem além da máscara, para se reconhecerem, para se descobrirem e se conhecerem.

Os antigos chineses achavam que o espelho era de grande ajuda no processo de autoconhecimento, e acredito que o fascínio pelo espelho seja corolário, metáfora, expressão imaginária, realização

---

2 *Encyclopaedia Britannica*, verbete "*mirror*".

em ato, da procura de si mesmo, coisa que o homem faz desde os primórdios da cultura. O homem teve sempre a percepção correta do desconhecimento de si mesmo. É por esse motivo que todos os caminhos para a sabedoria passam sob o pórtico do templo de Diana em Éfeso, onde havia a conhecida inscrição – "conhece-te a ti mesmo e conhecerás os homens e os deuses".

De certa forma, a arte, a religião, os sistemas filosóficos tentam sanar a inquietação do homem frente a esse desconhecimento, esta desconcertante percepção de que se é um outro, a percepção da divisão interna do psiquismo. Tentam apreender a motivação dos atos, entender como o homem constrói e organiza sua vida, como dissipa o curto tempo que lhe é dado viver. Tentam ajudá-lo, propondo soluções e lenimento para seus sofrimentos.

A estas sondas que o homem tem usado para se ver e compreender – arte, religião, filosofia e, metaforicamente, o espelho – Freud acrescenta aquela que vem a ser a mais potente delas, a psicanálise.

Com ela Freud desvenda o mistério que nenhuma das outras tinha resolvido a contento – a descoberta do Inconsciente, descoberta que impõe uma grande revolução em todo o pensamento centrado na Consciência, no *cogito* cartesiano. Depois de Freud, não mais se pode dizer *penso, logo existo*, e sim *existo onde não me penso*, como recoloca Lacan.

Freud descobre – mais ainda – que o espelho no qual o homem vai se ver é sua própria fala, a linguagem. É falando que o homem se vê. É sendo escutado em suas associações livres, em sua fala solta, que ele se deixa ver. O que aparece na sua fala é o outro lado da Lua, o desejo inconsciente, que busca incessantemente uma satisfação total e impossível.

82 ESPELHO, ESPELHOS

O que é e como se constitui este núcleo central do psiquismo que, apesar de sua fundamental importância, é desconhecido pelo próprio ser que o suporta?

Lacan fala de uma "fase do espelho", na qual a criança se constitui no campo do Outro, olhando-se no espelho que é o Outro, nesse espelho que é a mãe.[3] É assim, recebendo a imagem vinda de sua mãe, que a criança junta seu corpo fragmentado numa certa unidade imaginária. É assim que a criança se constitui – dentro do desejo, do olhar da mãe. A criança deseja que a mãe a deseje e, para tanto, vai desejar o que a mãe deseja para se tomar desejável por ela.

A criança se olha no espelho-mãe, depois no pai e, depois ainda, em todos os seus substitutos, e este é um espelho linguístico – é o que os pais, é o que os outros falam, é este discurso que vai constituir o sujeito, seu inconsciente é o discurso do Outro; que veicula o desejo do Outro.

A criança se constitui, pois, à imagem e semelhança dos pais, organiza-se em função do desejo deles, integrando-o, assimilando-o, assumindo os desejos deles, para ser por eles desejada e assim poder subsistir.

Vê-se a dimensão trágica que isso implica, pois o homem estruturalmente se aliena no Outro, se perde no Outro, desaparece no Outro para se constituir e não pode se recusar a isso.

Lacan descreve esse momento radical ao falar do dilema "a bolsa ou a vida" ou "a liberdade ou a vida" como metáforas da perda, da "afânise", da armadilha na qual o sujeito está metido sem possibilidade de saída e que, no entanto, é o que o constitui.[4]

---

3  Lacan, J. (1981). El Estadio del Espejo como formador de la función del Yo tal como se nos revela en la experiencia psicoanalítica. In *Escritos*. Siglo XXI.
4  Lacan, J. (1979). *O seminário, livro 11: os quatro conceitos da psicanálise*. Zahar.

Laplanche retoma o mesmo problema ao falar dos *significantes enigmáticos* ou *metáboles*, elementos constitutivos do núcleo do inconsciente de cada sujeito e que, de certo modo, corresponde à pergunta básica que cada um de nós teria de responder: "que desejam eles – pai e mãe, os outros – de mim, para que eu os atenda, fazendo com que eles me desejem e assim garanta minha sobrevivência?".[5]

O analista é o espelho para o analisando, o analisando está ali para se ver. E, nesse desejo de se ver, ele reproduz aquele movimento básico – "desejo o que você deseja, para assim você me desejar". Dessa forma, o analista mostra ao analisando que, em função dessa busca, ele se alienou, perdeu-se, equivocou-se. O analista mostra como o analisando está tomado por um Outro sem que ele mesmo o saiba e que ele reage a essa ocupação de várias formas, das maneiras mais estranhas, curiosas, dramáticas, fatais até, e que é nisso que consiste seu sofrimento.

A análise é o desvendar desses desejos, esse processo gradativo no qual o analisando deixa de ser o Outro e reencontra seu próprio desejo.

Assim, a análise – para o analisando – é o contrário da fase do espelho, da relação especular, dual narcísica com a mãe. É o desvendamento deste movimento estruturante básico – a alienação no Outro – mediante a instalação da castração simbólica, que permite que o analisando encontre seu próprio desejo e, a partir daí, a possibilidade de ser e crescer.

Neste espelho analítico entra, é claro, o desejo do analista, mas este é radicalmente diferente do desejo da mãe na fase do espelho. Em nível consciente, o desejo do analista é analisar, interpretar,

---

5 Laplanche, J. (1988). *Teoria da sedução generalizada e outros ensaios.* Artes Médicas.

84   ESPELHO, ESPELHOS

mostrar ao analisando esta dimensão por ele desconhecida e que o constitui. Para tanto – como se sabe – é imprescindível que o analista já tenha dado conta dos trajetos de seus próprios desejos numa análise pessoal, a qual o autoriza a agir como suporte para a descoberta do analisando.

\* \* \*

O tema do espelho tem sido explorado em mitos, lendas, contos de fada, literatura. Borges é o nome que imediatamente se associa ao assunto. Vou ater-me aqui apenas ao conto "O espelho",[6] de Guimarães Rosa, que ilustra bem esse breve esboço que fiz e, mais uma vez, confirma o dito freudiano de que os grandes escritores são mestres para quem a alma e o inconsciente não têm segredos.

Claro está que o leitor não encontrará aqui o insubstituível prazer de ler Rosa e que, ao descrever de forma sumária o conto, como terei de fazer, estragar-se-á para o futuro leitor a surpresa que ele encerra.

O conto se estrutura como uma respeitosa carta para alguém que o missivista considera um sábio, a quem descreve suas experiências, dúvidas, angústias e solicita luzes para entendê-las.

Após falar que sempre se interessou por espelhos, constando que há os "bons" e "maus" e especular sobre a fidedignidade da imagem que eles refletem, o narrador entra no assunto, no cerne de seus problemas. Uma vez, de modo distraído, entrou num lavatório e viu a imagem de alguém extremamente "repugnante, repulsivo e hediondo": "Deu-me náusea, aquele homem, causava-me ódio e susto, eriçamento, espavor". Na verdade, dois espelhos tinham feito um, ângulo, daí a descoberta: "E era, logo descobri... era eu, mesmo! O senhor acha que algum dia ia esquecer essa revelação?".

---

6   Rosa, J. G. (1962). *Primeiras estórias*. José Olympio.

A partir daí, da constatação desse outro eu, de que existe um Outro, começou a busca: "Desde aí comecei a procurar-me – ao eu por detrás de mim – à tona dos espelhos, em sua lisa, funda lâmina, em seu lume frio", transformou-se no "caçador de meu próprio aspecto formal".

Para tanto, estabeleceu inúmeras táticas de se olhar no espelho – com luzes cambiantes, com olhares de esguelha, de relances, de surpresas, em momentos de variado humor.

É quando constata que "os olhos da gente não têm fim... Só eles paravam imóveis no centro do segredo... porque o rosto, o rosto mudava permanentemente... o rosto é apenas um movimento deceptivo, constante".

Localizadas "as diversas componentes no disfarce do rosto externo", começa a treinar-se para "bloqueios visuais", "anulamentos perceptivos, a suspensão de uma por uma, desde as mais rudimentares, grosseiras ou de inferior significado".

Começa por tentar apagar traços animais, dado que "parecer-se cada um de nós com determinado bicho, relembrar seu fácies, é fato". No seu caso, o "sósia inferior" na escala das espécies era a onça. Tratou então de meticulosamente dissociar tais traços de seu rosto, de não os ver no espelho.

Pouco a pouco, a figura ao espelho se reproduzia lacunarmente. O narrador passa então adiante e começa a retirar o que chama de "traços hereditários": "parecença com os pais, avós, que são também nos nossos rostos, um lastro evolutivo residual". Também retira "o que se deveria ao contágio das paixões, manifestados ou latentes, o que ressaltava das desordenadas pressões psicológicas transitórias". E ainda "o que, em nossa cara, materializa ideias e sugestões de outrem".

Prosseguindo sua experiência, abstraindo mais e mais traços de seu rosto, "o esquema perspectivo clivava-se em forma meândrica". Sua imagem se esfacelava, quebrava-se, desfazia-se. A experiência passa a ser insuportável; provoca-lhe "dores de cabeça", o que o faz evitar deliberadamente olhar-se no espelho, decisão que mantém por meses.

E aí, a surpresa, o susto, o medo, o espanto. Um dia, ao se olhar no espelho, nada vê, nem mesmo os olhos, aqueles que pareciam fixos e imutáveis, além da evanescência do rosto.

Chega então a uma "terrível conclusão":

> *não haveria em mim uma existência central, pessoal, autônoma? Seria eu um ... des-almado? Então, o que se me fingia de um suposto eu, não era mais que, sobre a persistência do animal, um pouco de herança, de soltos instintos, energia passional estranha, um entrecruzar--se de influências, e tudo o mais que na imanência se indefine? Diziam-me isso os raios luminosos e a face vazia do espelho – com rigorosa infidelidade. E, seria assim, com todos? Seríamos não muito mais que as crianças – o espírito do viver não passando de ímpetos espasmódicos, relampejados entre miragens: a esperança e a memória.*

O narrador diz que assim ficou por anos, até que – após uma fase de grandes sofrimentos –, ao olhar-se no espelho, algo apareceu, uma luz fraca, uma pálida claridade se mexia ali: "o tênue começo de um quanto como uma – luz, que se nublava, aos poucos tentando-se em débil cintilação, radiância".

Diz o narrador que aí já amava. E então, paulatinamente, vai--lhe surgindo do espelho um rosto:

*Sim, vi a mim mesmo, de novo, meu rosto, um rosto;*
*não este que o senhor razoavelmente me atribui. Mas o*
*ainda-nem-rosto-quasedelineado, apenas – mal emer-*
*gindo, qual uma flor pelágica, de nascimento abissal...*
*E era não mais que rostinho de menino, de menos que*
*menino, só.*

O narrador conclui com inquietantes postulações. Caso sua experiência tenha alguma consequência importante, significaria que a "vida" consiste em experiência extrema e séria; sua técnica – ou pelo menos parte dela – exigindo o consciente alijamento, o despojamento de tudo o que obstrui o crescer da alma, o que a atulha e soterra?... E o julgamento-problema, podendo sobrevir com a simples pergunta: Você chegou a existir?

Guimarães Rosa descreve com grande acuidade nesse conto não só o processo de constituição do sujeito, a criação de um eu que é a soma de inúmeras identificações, que esconde o "eu por detrás de mim", que seria o próprio desejo inconsciente do sujeito. Também descreve aí o que ocorreria em termos ideais numa análise: o progressivo desnudamento destes traços de identificação, de sujeição e alienação no desejo e discurso do outro, em busca da verdade última do ser. Neste processo doloroso, meândrico, que provoca "dores de cabeça", chega-se até ao fundo, à desestruturação total deste eu alienado no outro, restando a dor da solidão e do próprio desejo, quando reencontra então sua face, sua verdadeira face. Agora é sujeito do próprio desejo e renasce, qual "flor pelágica", dos "abismos" desse próprio desejo, amando.

Também o analista se pergunta quantas pessoas chegaram realmente a existir, a ser, a realizar seu próprio destino; quantas conseguiram efetivamente se discriminar e se desalienar do Outro.

O estatuto ético da análise é este – o da verdade do desejo do sujeito. Nesse sentido, a análise é, por excelência, a "estrada para Damasco", o lugar único e privilegiado onde se dá o encontro do sujeito consigo mesmo.

# A psicose em *O céu que nos protege* (*The sheltering sky*), de Paul Bowles

Ao filmar *The sheltering sky*, cujo lançamento deu-se em 1990, Bernardo Bertolucci colocou Paul Bowles no centro das atenções, tomando acessível ao grande público esse recluso escritor que, no dizer de Gore Vidal, juntamente com sua mulher Jane, era figura central no mundo transatlântico das artes, famoso entre famosos, atraindo visitas e recebendo tributos de muitos artistas do mundo anglo-saxão nos anos 1940 e 1950.

Paul Bowles nasceu nos Estados Unidos em 1911 e aos 18 anos publicava poesia. Aos 20, estudando música com Aaron Copland, viaja com ele para Paris, quando conhece Gertrude Stein, que o desencoraja quanto ao exercício da literatura, sugerindo-lhe dedicar-se exclusivamente à música. Stein indica aos dois amigos a cidade de Tanger como lugar ideal para férias de verão. Bowles acata essas sugestões – vai pela primeira vez ao Marrocos, descobrindo então o lugar que seria seu futuro refúgio, e ficou sem escrever durante muitos anos.

Morando em Nova York nos anos 1930 e 1940, viaja frequentemente pela Europa e América Latina, ganhando a vida como

90   A PSICOSE EM *O CÉU QUE NOS PROTEGE...*

compositor erudito. Colabora em peças e filmes de Orson Welles, Elia Kazan, William Styron, Tennessee Williams. Em 1943 escreve uma ópera, *The wind remains*, regida por Leonard Bernstein, coreografada e dançada por Merce Cunningham, encenada no Museum of Modern Art.

Em 1937 conhece Jane Auer, com quem estabelece um casamento muito peculiar, pontuado por separações, ligações extraconjugais, casas separadas, tudo certamente devido à bissexualidade declarada dos dois.

Bowles fixa residência no Marrocos em 1947. Volta a escrever ao acompanhar as agruras de Jane na execução de *Two serious ladies*, o curiosíssimo livro que mereceu rasgados elogios de Truman Capote.[1]

Nos anos 1950, Bowles é procurado pela chamada geração *beat* – William Burroughs, Jack Kerouac, Allen Ginsberg. Tal contato fez com que muitas vezes sua obra fosse equivocadamente agrupada com a daqueles escritores.

Se há um ponto de contato entre eles, seria a recusa dos ideais convencionais de progresso tecnológico e do sonho americano, substituídos pela procura incessante, pela estrada como metáfora da ânsia e do vazio da vida, pela convicção de que mais vale a viagem do que sua destinação, sendo justamente essa a sina dos seres humanos.

Na opinião de muitos, como Gore Vidal e Jay McInerney, o estilo claro, polido, clássico e distanciado de Bowles o aproxima mais de Edgar A. Poe, pelo terror frio que desenvolve em seus escritos. Não o terror metafísico ou sobrenatural, mas o humano, advindo da desagregação psíquica, da loucura e da morte.

---

1  Vide o capítulo "Uma leitura de *Duas damas bem-comportadas*, de Jane Bowles".

Jay McInerney, o jovem autor de *Bright lights, big city* – saga *yuppie* nova-iorquina filmada no final dos anos 1980 –, diz:

> *Bowles demonstra simpatia pela postura típica dos surrealistas de chocar a burguesia em sua complacência, escavando o material cru do inconsciente e expondo-o à luz do dia. A avaliação dos trabalhos de Bowles feita em tons apocalípticos por Norman Mailer também o coloca nessa corrente de terrorismo literário. Mas, como um de seus personagens, Bowles alega que para ele o escrever é meramente uma forma de terapia. "Não gosto das coisas sobre as quais escrevo" – ele responde quando indagado por que tanto de sua obra lida com o lado escuro da natureza humana. "É como um exorcismo. Não significa que aprove o que ocorre nas páginas de meus livros. Deus me livre".*[2]

Nos anos 1960, Bowles passa a se interessar pela literatura oral, o folclore dos contadores de história do Marrocos, transcrevendo-os e traduzindo-os.

*The sheltering sky*[3] é seu primeiro e mais famoso livro. Foi escrito em nove meses e recusado pela Editora Doubleday, que não o considerou "um romance".

Há no livro uma esquisita galeria de personagens. Americanos, franceses, ingleses que perambulam pelo Marrocos, compartilhando a ideia de que a civilização ocidental faliu. Fogem da Europa, dos destroços da guerra, mas não têm propriamente uma destinação. Parecem não vir de lugar algum – as referências ao passado são escassas, fragmentárias – e não vão para canto nenhum. Não

---

2  *Vanity Fair*, maio de 1985.
3  Bowles, P. (1989). *O céu que nos protege*. Assírio e Alvim.

há meta a chegar, o que resta é o viajar, o transitar, a mudança, o não se deixar prender a lugares ou pessoas;

O triângulo central – Port, sua mulher Kit (que, muitos dizem, representam quase diretamente Bowles e Jane) e o amigo Tunner – mantém um relacionamento frouxo, flutuante, móvel, instável, cheio de subterfúgios e disfarces. Seu perambular os aproxima do deserto, distanciando-os cada vez mais da civilização europeia. As inusitadas características de cada um começam a se manifestar com mais estridência. Melhor dizer as do casal Port e Kit, desde que Tunner faz mais o contraponto "saudável", modelo de uma impossível, desejada e desprezada adequação à realidade.

Eles se movem num impasse niilista, um vácuo do qual procuram sair através da provocação deliberada de situações perigosas, num desejo mórbido de assumir riscos gratuitos, num descaso completo com a própria segurança.

Há uma impossibilidade intransponível na comunicação amorosa do casal. Port sub-repticiamente empurra a mulher para Tunner. Mas também ele não responde adequadamente. São todos muito angustiados, infelizes, cheios de culpas.

Quando Port descobre que ama a mulher, sente que precisa afastar Tunner, mas não consegue agir de forma decidida e clara. Encena manobras complicadas para reconquistá-la, cheias de dissimulações que impedem Kit de compreender suas intenções. Constatando o fracasso da empreitada, mais uma vez a solução é a fuga.

Nessa escapada chegam a uma longínqua aldeia. Ali, Port finalmente medita sobre a identidade claudicante, sua busca da felicidade, reconhece o amor por Kit e planeja uma nova vida. Mas é tarde demais. Morre, vitimado pela febre tifoide, antes de poder dizer qualquer coisa a Kit. Sua morte talvez tenha sido desejada inconscientemente, pois logo vamos saber que ele se recusara a cumprir com os procedimentos preventivos necessários contra a doença.

A morte de Port desencadeia em Kit uma reação extremada, fazendo-a romper com toda e qualquer amarra. Deixa o corpo do marido e foge sozinha para o deserto, onde encontra uma caravana de beduínos, com a qual desaparece.

A ruptura radical de Kit, o afundar num mundo totalmente desconhecido no qual será sempre um corpo estranho de quase impossível assimilação, incapaz de se comunicar, desconhecendo os valores e referências culturais vigentes – tudo isso constitui pontos altos no livro.

Um recurso retórico simples configura essa situação para o leitor: a habilidosa inserção de várias, não muitas, frases em árabe, usadas em ocasiões apropriadas e propositadamente deixadas sem tradução, marcam com grande eficácia a estranheza, a diferença, a distância, o desconhecimento.

A inusitada beleza do livro advém do desregramento da loucura, do ir além de qualquer limite, do ousar tudo, do entregar-se totalmente sem reservas ou garantias. Com os beduínos, Kit enfrenta a vida sem qualquer barreira protetora fornecida pelo hábito, os costumes, a língua, a cultura.

É como se Kit descartasse o Imaginário e o Simbólico e vivesse diretamente o Real; o viver bruto dos sentidos, do corpo, do sexo, da morte. Com isso, abandona o mundo das palavras e perde seu estatuto identitário, desmorona psiquicamente, psicotiza.

É evidente a problemática sexual latente no livro – a impotência, a repressão. Kit, sem consumar sexualmente seu casamento com Port, antes de fazer sexo com Tunner no trem, perde-se no vagão da quarta classe onde viajam os árabes, e vê ali, com horror, um homem mutilado: no meio do rosto, um buraco negro onde

# 94 A PSICOSE EM *O CÉU QUE NOS PROTEGE...*

teria havido um nariz. Não há imagem mais clara da castração. Ao fugir e se entregar aos beduínos, Kit é levada para a medina de uma cidade desconhecida. O homem que a leva a disfarça com roupas masculinas. Tais elementos poderiam apontar para questões ligadas à identidade sexual, que a teriam impedido de ter uma vida sexual satisfatória com Port.

Instalada nesse outro mundo, nessa desconhecida cultura, acontece o retorno do reprimido, do negado. Num cativeiro voluntário, assumido e desejado, Kit se entrega com exclusividade a uma sexualidade sem limites. É o abandono de toda e qualquer contenção, entre elas a proporcionada pela própria identidade. É uma viagem da qual não há retomo possível.

O encontro de Kit com os beduínos e seu inteiro abandono e submissão aos desejos deles, atitudes decorrentes da abdicação de qualquer traço identitário, ilustram o movimento regressivo da psicose caracterizado pela fusão com o outro, esse outro que, em sua radical diferença com o sujeito, moldou-lhe o ego com seu desejo, para que ele pudesse se constituir.

Uma investigação de ordem linguística sobre os nomes próprios escolhidos por Bowles para seus personagens ilustra e amplia o que vimos acima.

\* \* \*

Port, o personagem mais portentoso e complexo, tem um nome com ricas implicações. No *Webster's third new international dictionary of the English language*, tem ele quinze entradas, dentre as quais selecionei alguns significados: porto, refúgio, destino, meta, ponto de origem ou destinação de uma viagem, portal, vestíbulo, portão, entrada, conduta, procedimento, maneira ou estilo de vida, dignidade, condição, portátil, portfólio, retrato, mala de viagem, levar, carregar, aportar, portar.

Vê-se que dominam as referências à viagem, à conduta, à identidade e – bela imagem – o vazio que o portal representa enquanto abertura/fechamento, limite entre o dentro e o fora, elementos importantes na constituição do personagem.

O nome Kit (apelido de Katherine) tem cinco entradas. Os mais significativos: coleção de equipamentos e suprimentos caracteristicamente arrumados em caixas ou malas, equipamentos de roupas, conjunto comercialmente montado, *kit-bag*: mochila, apetrechos, filhote ou animalzinho de pele.

Retomam as referências à viagem, acrescentando-se um aspecto coisificado, de mala, bagagem, equipamento a ser levado por soldados ou marinheiros,[4] um pequeno animal – todos eles pertinentes às características do personagem – filhote indefeso incapaz de deixar o porto protetor que o amparava, a perda da identidade, que a leva a coisificar-se, transformada em bagagem a ser carregada passivamente pelos homens.

O nome Tunner, consequente com a pouca importância do personagem, tem uma única entrada: trabalhador cervejeiro encarregado dos tonéis. Desencadeador do drama, a única função de Tunner é, de fato, fermentar – como nos tonéis de cerveja – os potenciais latentes de Port e Kit.

---

4  Aliandro, H. *Dicionário inglês-português*. Pocket Books.

# Uma leitura de *Duas damas bem-comportadas*, de Jane Bowles[1]

## *A autora*

Jane Auer Bowles (1917-1973) nasceu em Nova York, filha de pais judeus. Esteve gravemente enferma durante a adolescência, o que a levou a longos tratamentos na Suíça. Conheceu Paul Bowles (autor de *The sheltering sky*),[2] então famoso compositor, em fevereiro de 1937, em Nova York. Após um namoro tempestuoso, os dois se casaram em 1938, um dia depois de Jane ter completado 21 anos. Em seguida, o casal Bowles viajou por vários países da América Central e da Europa, até voltar por um período a Nova York, quando Paul trabalhou como crítico de teatro para o *New York Herald Tribune*.

Em 1947, Paul se mudou para o Marrocos. Jane foi encontrá-lo ali um ano depois e, juntos, retomaram o hábito de viajar. Embora

---

1 Bowles, J. (1984). *Duas damas bem comportadas* (Lya Luft, trad.; Truman Capote, prefácio). L&PM.

2 Vide o capítulo "A psicose em *O céu que nos protege* (*The sheltering sky*), de Paul Bowles".

# 98 UMA LEITURA DE *DUAS DAMAS BEM-COMPORTADAS*...

casados, Paul e Jane viveram praticamente separados, ambos envolvidos em relacionamentos homossexuais. Mesmo assim, seu casamento manteve-se até a morte de Jane em 1973.

Apesar das graves doenças físicas e mentais que limitaram sua produção literária, Jane Bowles foi considerada por muitos como uma grande e original escritora, comparável a Gertrude Stein e a sua contemporânea Carson McCullers. Truman Capote a caracterizava como "gênio" e o poeta John Ashbery afirmava ser ela "um dos melhores escritores modernos em qualquer língua".

Foi a publicação de *Duas damas bem comportadas* (*Two serious ladies*), em 1943, que estabeleceu sua reputação como importante escritora de vanguarda. Posteriormente publicou a peça *In the summer house* (1954) e a coleção de contos *Plain pleasures* (1966). *The collected works of Jane Bowles* (1966) juntou esses textos num único volume. *My sister's hand in mine* (1978) é uma edição ampliada do *The collected works*, contendo mais seis contos previamente publicados em periódicos diversos. Uma coleção de contos e cartas selecionadas foi publicada postumamente em 1976, com o título de *Feminine Wiles*. Outros textos, incluindo algum material inédito de seus diários e cartas, foram publicados sob o título *Out in the world: selected letters of Jane Bowles* (1985) e *Everything is nice: the collected works of Jane Bowles* (1989).

## O livro

### Primeiro capítulo

Christina Goering é descrita como uma criança estranha, da qual as demais meninas se afastavam. Já nessa ocasião era tomada por ideias de cunho religioso e propunha brincadeiras que giravam em torno de culpas e castigos – como quando ficava rolando na lama para expurgar seus pecados ou quando dançava num "culto ao sol". "Exibia a expressão de certos fanáticos que se julgam líderes, sem conseguirem o respeito de quem quer que fosse".

Já adulta, Christina mora com a governanta na casa grande e imponente que herdara dos pais. Num determinado momento, a empregada deixa o posto e, sem que fosse esperada, a sobrinha dela, *miss* Lucie Gamelon, aparece na casa e oferece seus serviços como dama de companhia de Christina.

Durante uma festa para a qual fora convidada – coisa rara –, Christina encontra uma amiga, sra. Copperfield (Frieda), que lhe comunica "algo terrível" que está para lhe acontecer – ter de acompanhar o marido numa viagem ao Panamá. Antes, durante a conversa, Christina relata um episódio que acabara de presenciar. Observava uma casa semidemolida no outro lado da rua, na qual ainda restavam alguns móveis e em cujas paredes se viam ainda as marcas de quadros. A certo ponto, viu entrar um homem no segundo andar e ali recolher alguma coisa. Pareceu-lhe ser o antigo proprietário. Antes de sair, ele foi até a beira do andar demolido e ali ficou pensativo por um longo tempo.

A forma como Christina narra sua história leva sua interlocutora a imaginar que o homem se mataria pulando do prédio, o que não ocorre. Mas essa simples possibilidade deixa sra. Copperfield extremamente nervosa, levando-a a repreender a amiga por contar uma história que lhe parece "insuportável". Ainda nessa festa, Christina conhece Arnold, que a convida para ir à sua casa, com o que ela, em sobressalto, aceita.

No táxi, Christina expressa fantasias de ser atacada, torturada e morta pelo motorista. Ao chegarem à casa de Arnold, ao invés de abordá-la sexualmente, o que seria de se esperar, ele diz estar sonolento e querer dormir. Nesse momento, sem se fazer anunciar, adentra no aposento o pai de Arnold, que passa imediatamente a competir com o filho pela atenção de Christina. Em seguida entra a mãe de Arnold, trazendo-lhe comida. Ao se deparar com Christina, a maltrata, tomando-a por uma prostituta.

Se Arnold já dissera que ia dormir, após a irrupção dos pais fica intimidado pela mãe e pede para que Christina se dirija a um outro quarto, as dependências de empregada – um aposento sem calefação, muito frio. Constrangida, ela para lá se dirige e, ao se recolher ao leito, é abordada novamente pelo pai de Arnold, que mais uma vez tenta seduzi-la. São flagrados pela mãe de Arnold, que ameaça fazer um escândalo caso Christina não deixe a casa imediatamente, o que ela faz, procurando táxi na alta madrugada.

No dia seguinte, em sua casa, Christina recebe a embaraçada visita de Arnold. Ele fica impressionado com a propriedade que Christina lhe mostra, apontando todos seus encantos. Durante a conversa que se estabelece, Arnold toma conhecimento de que a casa está à venda. Christina acredita que tem de morar num lugar pior, ermo, distante e em más condições, decisão que enche Lucie Gamelon de perplexidade e desespero impotente. Lamentando a situação, Lucie diz a Arnold que Christina – ao ser por ela admoestada contra a venda da casa – dissera-lhe que aquilo era "apenas o começo de um programa terrível". De fato, Christina mostra que escolheu propositada e cuidadosamente o lugar mais inóspito e terrível para morar. Quando os amigos tentam, mais uma vez, demovê-la da decisão, ela diz que não poderia deixar de vender a casa, pois isso "não faria sentido".

### Segundo capítulo

O casal Copperfield faz uma viagem ao Panamá. Apesar de advertidos, o marido escolhe a zona de prostituição no centro da cidade para se hospedarem, evitando os grandes hotéis situados nas praias, para onde se dirigem todos os turistas estrangeiros. Logo encontram na rua uma primeira prostituta que faz uma proposta homossexual para sra. Copperfield. O marido, alegando querer fazer explorações turísticas, deixa sua mulher sozinha num hotel mais que suspeito. Sra. Copperfield rapidamente se envolve sexual e afetivamente com várias prostitutas, especialmente a senhora Quill e Pacífica. Presencia a chegada de um velho marinheiro, Meyer, que força uma relação sexual com Pacífica em sua presença. Sra. Copperfield mostra uma atitude estranha, que surpreende até mesmo as duras prostitutas. Comporta-se alternadamente como a grande dama de sociedade que de fato é e como uma menininha mimada que precisa de proteção. Mas, em ambos os casos, parece não ter consciência das consequências de seus atos. Provoca deliberadamente ciúmes em uma jovem prostituta que por ela se encanta. Ao reencontrar o marido, se desentende com ele. Antes de partir novamente e deixá-la sozinha, ele lhe escreve uma carta onde, num tom de reprovação, a acusa de "se deixar dominar por seus próprios problemas e não se abrir para situações novas".

## Terceiro capítulo

Após vender a mansão, Christina Goering e sua dama de companhia Lucie Gamelon se alojam numa casa humilde, muito malconservada, quase uma choupana, situada numa ilha pouco habitada próxima ao continente. Arnold está morando com elas, o que suscita a desaprovação de Lucie Gamelon, preocupada com o que os esparsos vizinhos poderiam dizer. Os dois brigam pelas atenções e preferências de Christina. Arnold disputa com Gamelon o uso da saleta da casa e, exasperado, joga um vidro de perfume que a atinge na cabeça, ferindo-a. Assustado, foge de casa. As duas vão procurá-lo, enfrentando um grande medo de sair à noite pela região erma. Ao ser encontrado, Arnold faz as pazes com ambas.

Inesperadamente chega à humilde casa o pai de Arnold, declarando – para espanto de Lucie Gamelon – que vai morar ali também. Abandonara a mulher na cidade e diz não se importar mais com ela. Tenta novamente seduzir Christina, que está encantada com a situação, como se fosse uma anfitriã recebendo hóspedes em grande estilo. Arnold, que deixara de trabalhar como corretor e deseja dedicar-se a atividades artísticas, muda de atitude e começa a demonstrar interesse por Lucie Gamelon, a quem passa a chamar de Bubbles.

Sem maiores explicações, Christina diz que se sente compelida a fazer uma viagem à noite até o continente, empreitada arriscada, pois tem de andar sozinha por lugares desertos até a balsa. Cheia de apreensões, Christina empreende sua aventura. No trem, se depara com uma turma de crianças e uma senhora, a quem surpreende com suas atitudes. Ao chegar perto da balsa, encontra um velho a quem indaga sobre a movimentação que vê ali. Descobre que há um cabaré onde todos vão beber, dançar e ouvir música. Christina vai até lá com o velho e ali puxa conversa com um casal desconhecido, notando que Andy, um homem solitário, a observa com insistência. Deixa-se abordar por ele, que a leva para casa, onde ela escuta o relato de sua paixão por uma mulher mutilada, uma mulher-tronco, sem membros. Apesar da insistência de Andy, que a deseja, ela não aceita sua aproximação sexual, deixando-o enlouquecido.

Volta para casa e avisa – para desespero de Lucie Gameron – que na noite seguinte repetirá a aventura. Desta vez, Arnold e o pai, que continuam rivalizando pelas atenções de Christina, resolvem acompanhá-la, o que ela aceita relutantemente, pois assim os passeios ficariam "despidos de seu valor moral".

Ao chegarem ao continente, Arnold logo se separa do grupo, interessado num jogo de basquete no qual começa a participar. Seu pai acompanha Christina ao bar, onde ela encontra Andy, que se desentende com o pai de Arnold. Chistina pede desculpas a este, diz que não retornará para casa e marca um encontro com ele daí a oito dias, na sorveteria em frente ao bar onde estão. Resignado, o pai de Arnold a vê deixar-se levar por Andy.

Durante essa semana que fica com Andy, Christina descobre a batalha que ele travava contra o alcoolismo. Sua companhia faz com que Andy se sinta encorajado a propor alguns negócios a empresários da região. Andy prepara o encontro com esses homens, no qual é humilhado, mas Christina não está minimamente preocupada com isso. Nesses oito dias frequentara o bar à noite com Andy e observara um estranho homem que a olhava com interesse. Isso a fez decidir aceitar sua corte e entregar-se a ele. Dessa forma, abandona friamente Andy quando ele mais precisava dela.

Passaram-se os oito dias e Christina vai, com atraso, ao encontro marcado com o pai de Arnold, que lhe dá notícias de casa. Toma conhecimento que, tão logo souberam que Christina retardaria sua volta para casa, Arnold e Lucie Gamelon tomaram a iniciativa de mudar para uma casa minimamente habitável e agora solicitavam a ela que continuasse a arcar com as despesas, com o que ela alegremente concorda. O pai de Arnold, que lhe parece velho e acabrunhado, comunica-lhe que deve voltar para a mulher, pedindo para que ela leia a carta que lhe tinha escrito. Ela deixa o velho na balsa e volta para o bar, onde encontra o homem que a observava com interesse, supostamente um gângster, e por ele se deixa levar no carro.

Mal tinham chegado à casa do gângster, quando ele recebe um telefonema e avisa a todos que devem acompanhá-lo numa reunião que terá num restaurante. Lá, Christina é instalada sozinha numa mesa e instruída para ali esperar o final da reunião, que ela entrevê numa mesa não tão longe da sua. Como a reunião demorava, pensa em ligar para alguma amiga que lhe pudesse fazer companhia. Lembra da senhora Copperfield, a quem não via há bastante tempo. Faz a ligação, no que é repreendida com brutalidade pelo gângster, que se sente ameaçado com o telefonema. Mesmo assim, Christina faz o convite, que é prontamente aceito. A senhora Copperfield em seguida chega ao restaurante, acompanhada por Pacífica, a prostituta do Panamá que ela trouxera consigo ao voltar para casa. Pacífica sai para um encontro com o namorado. A senhora Copperfield bebe sem parar e fala de seu desespero e dos ciúmes que tem de Pacífica.

Enquanto observa no bar o desespero da amiga, Christina é abandonada no restaurante pelo gângster, que simplesmente lhe diz ter de fazer uma imperiosa viagem e que ela se arranjasse para voltar para casa.

Sozinha, Christina se pergunta se todos seus sofrimentos a aproximam da redenção moral, ou, pelo contrário, se eles são um acúmulo de erros e pecados que mais a degradaram, fazendo-a descer ainda baixo rumo à depravação e ao mal.

## Interpretações

Pode-se rastrear com facilidade o substrato pessoal e biográfico da autora em suas personagens Christina Goering e senhora Copperfield. Se isso reforça a teoria que explica a arte como uma sublimação da vida, um produto não *ex-nihilo* da mente do artista, e sim uma recriação de situações vitais, existenciais, é importante não fazer uma redução que equipare a produção de uma obra de arte à emergência de um sintoma. Enquanto este é uma produção inconsciente de significado cifrado, desconhecido até mesmo por seu portador, sendo necessário um psicanalista para lê-lo, interpretá-lo e/ou construí-lo, a arte é um produto que expressa verdades psíquicas reconhecíveis por aqueles que dela se aproximam e que com isso ampliam a compreensão de si mesmo e dos outros.

Os artistas mergulham em suas próprias experiências e fantasias inconscientes e de lá voltam com suas obras, mas os artistas podem também ter sintomas. É o que vemos em Jane Bowles. Os personagens exibem sintomas obsessivo-compulsivos e psicóticos, possivelmente os mesmos que afligiam Bowles. Mas, ao escrever uma ficção, ela os posiciona noutro patamar, não mais como sintomas, e sim como criação artística, proporcionando aos leitores o prazer estético da literatura e uma compreensão do sofrimento interno proporcionado por aqueles transtornos.

Christina Goering ilustra bem a neurose obsessiva, a submissão à culpa da qual tenta inutilmente se livrar, estabelecendo punições variadas para si mesma e uma obcecada preocupação com a santidade. Na infância, as brincadeiras descabidas. Na vida adulta, o se envolver em situações de grande risco e abandonar sua mansão para morar num casebre em escombros, tudo com o intuito de se punir. Depois de ter passado pelas inúmeras provações provocadas por ela mesmo, permanece a dúvida obsessiva, como evidencia a frase final. Christina não tem certeza se o que fez (as punições e castigos que inventou para si mesma) expiou seus pecados ou, pelo contrário, apenas aumentou sua maldade e degradação, e a necessidade de punição deve recrudescer.

Em sua peculiar *via crucis*, Christina Goering se depara com tipos estranhos. Arnold, um frustrado artista, totalmente castrado, fixado nos pais. Ele fracassa na abordagem sexual e não sem motivos, pois logo os pais invadem seu quarto, trazendo roupas e comida, controlando-o como a uma criança. Em seguida, o pai se coloca diretamente como seu rival sexual, tentando conquistar Christina e desacreditá-lo como homem. Posteriormente, a mulher (mãe de Arnold) invade o quarto de empregada onde Christina se refugiara e a xinga de "puta", o que – nas circunstâncias – parece apropriado.

Isso mostra a curiosa estrutura do sintoma obsessivo e da formação reativa. De tanto querer ser pura e santa, Christina termina agindo como uma prostituta, o que também era seu desejo. Por outro lado, todo o episódio na casa de Arnold parece uma longa cena primária, em que os limites de privacidade – representando a identidade – são completamente ignorados de lado a lado, entre pais e filhos.

No terceiro capítulo, encontramos Christina morando na choupana numa ilha fora do continente, o que é fruto de uma atuação autopunitiva, mas também uma representação de seu progressivo isolamento e afastamento da realidade. Arnold acompanha Christina em sua mudança, no que é seguido pelo pai, que abandona a mulher (mãe de Arnold). Isso parece evidenciar a relação narcísica homossexual do pai com o filho, encoberta por seu amor por Christina. Essa, por sua vez, radicaliza suas experiências, frequentando um bar suspeito, onde se deixa seduzir por um desconhecido, Andy, em quem suscita muitas esperanças. Como seu empreendimento é completamente narcísico, Christina não sente ter obrigação alguma com Andy, abandonando-o num momento crítico.

Sra. Copperfield, numa relação dissociada com o marido, submete-se aos caprichos dele, mas tem o lucro secundário de poder usufruir de prazeres homossexuais. Suas relações afetivas são peculiares. Sente-se ligada ou devedora de obrigações e fidelidade com pessoas praticamente desconhecidas – as prostitutas com quem se envolve na zona do porto, enquanto vive distante afetivamente do marido. Sua conduta inadequada surpreende as companheiras recém-adquiridas, que não a compreendem.

O breve encontro final entre Cristina e sra. Copperfield não poderia ser mais inquietante. Esta, desesperada, temendo perder a amante homossexual – a prostituta do Panamá, curiosamente chamada Pacífica, que só então sabemos ter ela trazido consigo ao voltar da viagem. Cristina, por sua vez, é tratada pelo gângster, seu novo amante, como um traste largado, sem nenhum valor.

A neurose obsessivo-compulsiva de Christina e a dissociação psicótica da senhora Copperfield parecem radicar na impossibilidade de lidar com a culpa, a depressão, a perda, os objetos mortos. Isso seria evidenciado pela primeira conversa das duas, quando Christina conta da casa demolida e da atitude melancólica, quase suicida do homem que ela observara. Essa história é "insuportável" para a senhora Copperfield. Ou seja, Christina, como neurótica, tem estrutura suficiente para lidar com a culpa do objeto perdido, amado, odiado, atacado. A senhora Copperfield, como psicótica, não a tolera, pois mantém-se fusionalmente ligada aos objetos, dos quais não se discrimina, não suporta a ideia de deles se separar, de viver a castração simbólica.

É interessante ainda comparar os dois quadros, pois Christina, por mais que bordeje a homossexualidade, mantém uma relação com os homens, ainda que seja tênue e instável. Incestuosa, presa à cena primária, Christina reconhece a diferença sexual, embora o faça confusamente e cheia de culpas.

A senhora Copperfield, em plena relação fusional com a mãe, só suporta relações lésbicas, sonhando encontrar Pacífica, uma mãe oceânica que a abrigue para sempre.

O livro suscitou ardorosos elogios de Truman Capote e Tennessee Williams.

108 UMA LEITURA DE *DUAS DAMAS BEM-COMPORTADAS...*

De fato, ele é uma pequena obra-prima de humor *nonsense*, pois o talento da autora a faz manter uma voz narrativa equidistante, que não se identifica com as loucuras de seus personagens e que se limita a relatar seus comportamentos, suas conversas e atitudes.

O efeito estético desse distanciamento é o insólito e o cômico, causado pelo inusitado e o inesperado de tudo que ali é relatado. Os diálogos são surpreendentes e mostram uma apurada noção da loucura.

O contraponto de sensatez representado por Lucie Gameron também sempre provoca o riso. Há cenas impagáveis, como a de Christina no trem; a dos Copperfield numa viagem de ônibus; a senhora Copperfield lidando com os clientes de suas amigas prostitutas; toda a longa cena da senhora Quill com o pretenso salvador no hotel de luxo.

Apesar de sua própria doença mental, Jane Bowles mostra grande lucidez, crítica e humor ao descrever as atitudes e pensamentos de seus personagens loucos Christina Goering e senhora Copperfield e ao confrontá-los com o pedestre bom senso de Lucie Gamelon.

A cuidadosa tradução de Lya Luft procura manter o realce que a autora dá às diferenças de classes sociais, evidenciadas especialmente na linguagem dos personagens.

# Canibalismo

Minha mulher e eu estávamos na casa de meus cunhados. Conversávamos tranquilamente, sem nos importar com a presença de nosso sobrinho de 2 anos e meio que perambulava por ali. De repente fomos interrompidos por sua fala, que, num tom raivoso e de censura, dirigia-se a minha mulher, apontando para sua barriga grávida de sete meses. Disse ele: "Você pensa que não sei que você comeu o filho que está em sua barriga?!?".

Todos rimos com sua tirada, uma "coisa de criança", e ele saiu da sala aparentando uma indignação ainda maior.

Sua fala expressava as fantasias e angústias que o ocupavam naquele momento. Em primeiro lugar, procurava explicar-se o mistério do aparecimento das crianças. Se havia uma na barriga de minha mulher, como deviam ter-lhe dito, como ela estaria lá a não ser porque fora comida pela mãe? Mas tal fantasia tinha outras implicações envolvendo uma concepção muito especial da mãe, detentora de um poder ilimitado que a autoriza a comer crianças, o que a deixa como uma pessoa perigosa, maligna e em quem uma criança como ele não pode confiar.

110 CANIBALISMO

Estava ele, pois, espontaneamente dando testemunho da veracidade das descobertas de Freud e Melanie Klein sobre as peculiaridades fantasmáticas do relacionamento do bebê com a mãe nos mais arcaicos períodos da vida. Produzia ele uma fantasia típica da fase oral canibalística, também chamada oral-sádica. Nessa fase, predominam na criança as assustadoras fantasias de devorar a mãe ou de ser devorada por ela. Essas fantasias de canibalismo se dão pelo desejo amoroso da criança de possuir a mãe, de retê-la consigo, de se fundir com ela e assim impedir seu afastamento. Ao mesmo tempo, expressam o desejo vingativo de destruí-la (a mãe) por ter-lhe abandonado ou frustrado seus anseios, desejo que a deixa temerosa da retaliação por parte da mãe ou na expectativa de punição por seus impulsos agressivos contra ela. Em ambos os casos, resulta o temor de ser devorada pela mãe.

As fantasias orais sádicas ou orais canibalísticas estão ligadas ao aparecimento dos dentes e à possibilidade de usá-los para morder, roer, rasgar, mastigar, o que era até então impossível, dado que a criança se atinha a sugar o seio para se alimentar.

A fase oral se instala nos primórdios da vida e mostra como é íntima a relação entre pulsões sexuais e as pulsões de autoconservação. As primeiras se apoiam nas segundas, adquirindo com isso um objeto, uma direção e uma fonte orgânica. Essa mesma ligação oferece os modelos para as representações psíquicas inaugurais referentes ao interno e ao externo, ao dentro e ao fora, à discriminação entre o eu e o outro. O ingerir alimentos e o expulsá-los através de vômitos ou a defecação são os protótipos corporais ou somáticos dos mecanismos psíquicos de incorporação (e introjeção) e da projeção.

A transformação que vai da incorporação ("vou devorar minha mãe, assim a retenho dentro de mim e não a perco, ganho suas qualidades") à introjeção ("vou guardar essa imagem de minha mãe em minha mente pois não quero e não posso me separar dela") e chega à identificação ("vou manter comigo alguns traços e elementos que representam e significam minha mãe e eles vão organizar meu psiquismo, vão me permitir ser como ela em alguns aspectos importantes") pode ilustrar muito bem o processo de evolução mental que parte de modelos baseados no funcionamento corporal até o franco estabelecimento do funcionamento psíquico.

O sujeito humano se constitui dentro de processos que podem ter como referência as fases de evolução da libido, a transição do narcisismo para a fase objetal, o transitar do processo primário para o processo secundário ou ainda o abandono da relação fusional dual com a mãe e aceitação da castração simbólica trazida pela presença do pai – processos típicos do complexo de Édipo.

Muitos percalços cercam a constituição do sujeito humano, afastando-o quase completamente dos referenciais biológicos e naturais. São eles os responsáveis pelos distúrbios psíquicos que vão desde as perturbações neuróticas – nas quais o sujeito sofre com suas fantasias e se impõe empecilhos quanto à realização de seus desejos, mas não rompe a ligação com a realidade – até as psicóticas, nas quais está rompido o contato com a realidade.

Essas ideias me ocorreram ao ler as notícias sobre Armin Meiwes, dito o "canibal de Rotenburg". Como foi amplamente noticiado, o alemão Armin Meiwes, nascido em 1961, conheceu Bernd Jurgen Brandes pela internet e lhe propôs um pacto no qual se propunha a matá-lo e a devorá-lo. Com a anuência de Brandes, os dois homens se encontraram na residência de Meiwes em março de 2001, quando o acordo foi concretizado. Antes de ser morto, Brandes deixou que Meiwes lhe extirpasse o pênis, que juntos comeram. Meiwes foi preso em dezembro de 2002, ao procurar novamente na internet voluntários para suas práticas canibalísticas.

Meiwes foi julgado por homicídio em segundo grau e condenado a oito anos e meio de cadeia.

O caso atraiu considerável atenção da mídia, ocasionou um debate psiquiátrico sobre seu estado mental e dúvidas legais sobre sua condenação, uma vez que Brandes, a vítima, tinha-se oferecido para o ato voluntariamente e com inteiro conhecimento de causa. O caso inspirou canções de bandas de *rock* na Alemanha e Estados Unidos e em 2004 a cineasta alemã Rosa von Praunheim declarou que filmará a história. Há abundante material sobre o caso na rede. Em abril de 2005, um tribunal alemão reabriu o caso, após apelações contra a sentença. Os advogados acreditam que Meiwes merece prisão perpétua por homicídio em primeiro grau.

Analiticamente falando, Meiwes realiza concretamente aquilo que é uma fantasia que todos nós tivemos e que processamos de várias formas, transformando-a – como vimos acima – em seus sucedâneos psíquicos de incorporação, introjeção e identificação e, em parte, reprimindo-a. Dela temos indícios eventuais e muito disfarçados em sonhos, fantasias, sintomas orais. O fato de que Meiwes a tenha mantido em estado bruto, como ele mesmo relatou aos jornais – como uma fantasia consciente ligada a um desejo sempre presente –, e que tenha terminado por concretizá-la na realidade mostra uma falha extremamente grave no processo de simbolização, uma característica própria da psicose.

Aqui abro um parêntese para comentar a importância da internet no caso de Meiwes. Nele, a rede mostra seu extraordinário poder de agregar pessoas que de outra forma jamais, ou muito dificilmente, se encontrariam. As redes sociais permitem a exposição de fantasias e desejos os mais bizarros e possibilitam o encontro de pessoas que compartilham interesses semelhantes. No caso em pauta, ao expor seus desejos canibalísticos, Meiwes encontrou

Bernd Jurgen, um suicida que abrigava fantasias complementares de ser devorado por uma mãe sádica.

O mesmo pode ser dito sobre pessoas que se autodenominam *furries* ("peludos") por gostarem de praticar sexo vestidas com fantasias de bichinhos de pelúcia.[1] Seria uma nova modalidade de "perversão"? De qualquer forma, também aí a internet foi de importância capital. Possibilitou que os praticantes dessa forma peculiar de erotismo se encontrassem, criassem um tipo de identidade grupal e se organizassem promovendo encontros públicos periódicos que despertam algum interesse da mídia.

Retomando o caso Meiwes, ele aponta uma situação paradoxal – quanto mais violento é o ato homicida, quanto mais em sua realização o assassino rompe com a integridade do corpo da vítima, esquartejando-a, eviscerando-a etc., mais ele está concretizando na realidade fantasias arcaicas inconscientes universais, semelhantes àquelas reveladas por meu sobrinho, ao acusar minha mulher de "ter comido o filho que estava em sua barriga".

Num caso como o de Meiwes fica evidente que a psiquiatria não pode prescindir do saber psicanalítico. É necessário mais uma vez dar testemunho do valor desse saber, uma vez que, no momento, ele se encontra sob o fogo cruzado do cognitivismo, que se dá ao luxo de ignorar o inconsciente freudiano, e das neurociências, que querem reduzir a vida psíquica a um epifenômeno dos neurotransmissores cerebrais.

---

1 Pleasures of the fur. *Vanity Fair*, março de 2001. https://archive.vanityfair.com/article/2001/3/pleasures-of-the-fur

# Considerações sobre a nudez a partir das fotos da tortura no Iraque

São várias as fotos. Não as tenho agora à minha frente e as descrevo de memória. A primeira coisa que nelas chama a atenção é a nudez dos prisioneiros, contrastada com a pesada vestimenta militar dos soldados americanos. Numas fotos, eles estão amontoados uns sobre os outros, como uma pirâmide de corpos nus, observados por soldados. Noutra, os prisioneiros estão enfileirados e um deles manipula os próprios órgãos genitais, no que é observado por uma soldada que parece se divertir com a situação. Mais uma foto e vemos a mesma soldada apontando para os genitais de um prisioneiro, como que a ridicularizá-lo. Uma outra: um soldado sentado sobre o corpo de prisioneiro deitado no chão. Cães açulados e contidos por soldados ameaçam atacar um prisioneiro despido. Prisioneiros simulam relações sexuais. Aquela soldada, a mesma que aparece em várias fotos e que posteriormente foi identificada como Lynddie England, segura uma coleira presa ao pescoço de um prisioneiro despido, que se arrasta pelo chão.

Pergunto-me por que me esforço em descrever fotos que circulam intensamente, vistas pelo mundo inteiro. Pareceria um

116    CONSIDERAÇÕES SOBRE A NUDEZ A PARTIR DAS FOTOS...

trabalho desnecessário. Mas penso que, ao descrevê-las, ao escrever sobre suas características, eu as retiro do registro visual e as recodifico na linguagem escrita. O efeito imediato sobre isso é o escapar do fascínio que a imagem – qualquer imagem – sempre nos provoca. A imagem nos seduz e nos suga para seu interior, tornando mais difícil o sempre penoso trabalho de pensar. E o que pretendo aqui é justamente pensar sobre essas fotos. Não apenas me revoltar com a violência da situação ou – mais secretamente – gozar com as cenas sadomasoquistas ali representadas.

Como disse acima, o que logo atrai nosso olhar é a nudez dos prisioneiros. Por que a nudez atrai tão prontamente o olhar? Por que ela nos escandaliza mais que os corpos mutilados e mortos, vitimados dos bombardeios e tiros decorrentes das ações da guerra? Por que a nudez é usada como instrumento de tortura?

Se tomarmos a Bíblia, vamos encontrar no Gênesis o relato inaugural do escândalo provocado pela nudez. Criado o mundo, Deus dá vida a Adão e Eva. Inicialmente eles "estão nus e não têm vergonha" (Gênesis, 2-25). Mas Eva, desobedecendo a ordem divina, deixa-se seduzir pela serpente e come – juntamente com Adão – do fruto proibido. Imediatamente, "os olhos de ambos se abriram e viram que estavam nus; teceram folhas de figo e com elas se cobriram" (Gênesis, 3-7). Pouco depois, Adão foge da presença de Deus e, ao ser por ele interpelado, diz que "estava com medo; pois estava nu" (Gênesis, 3-10). Deus lhe pergunta, "como sabes que estás nu?" (Gênesis, 3-11). Conhecemos o desfecho de tudo – Deus expulsa Adão e Eva do Paraíso, condenando-os às agruras da vida humana e à morte ("tu és pó e ao pó retomarás", Gênesis, 3-19).

Antes de continuar, faço uma pequena digressão. Para escrever este texto voltei a ler trechos do Gênesis, coisa que há muito não fazia. Fui arrebatado por sua beleza literária e fiquei intrigado com sua riqueza simbólica enquanto mito das origens, o que me fez levantar questões muito mais amplas que aquelas que eu ali buscava, ligadas à nudez. Embora sabendo que tais questões já ocuparam legiões de estudiosos (religiosos ou não), aos quais não consultei neste momento, não resisto à tentação de me deter um pouco sobre o que essa leitura me suscitou, desviando-me de meu objetivo principal, ao qual logo retomarei.

A primeira coisa que no Gênesis chama a atenção diz respeito a como Deus é ali apresentado. Onipotente e onisciente, ele cria o universo do nada. À sua imagem e semelhança cria Adão e Eva, e os deixaria no Paraíso, desde que o obedecessem e a ele se submetessem sem nenhum questionamento. Estabelece uma única interdição, que – ao ser rompida por Adão e Eva – revela-se como a via de acesso ao conhecimento. Perguntas: Deus quereria a humanidade submissa e ignorante? Reservaria para si mesmo toda a quota de conhecimento, mesmo aquela que Adão e Eva – com as limitações próprias à condição de meras criaturas – poderiam ter?

Essa descrição de Deus poderia ser entendida como a representação mítica de pais narcisistas e onipotentes, incapazes de verem suas próprias falhas, intolerantes com a expressão própria e singular que os filhos podem vir a ter (eles são criados à "sua imagem e semelhança"); além de exigirem deles a mais completa obediência e submissão, objetivando mantê-los infantilizados e castrados, em estado de permanente dependência, ignorância e desconhecimento, especialmente no que se refere à sexualidade.

Um outro aspecto que salta à vista no Gênesis é o papel que a mulher ali desempenha. Ela é apresentada claramente sob um enfoque negativo, desde que lhe é atribuída a desobediência que desencadeia a ira divina e a punição extrema – a expulsão do Paraíso. Ela é a incapaz de manter o compromisso. São dela a fraqueza e a traição. Mas, ao se deixar seduzir pela serpente-falo-pênis, não expressaria Eva o desejo de crescer, de reconhecer a diferença sexual, de exercer sua sexualidade, de testar a possibilidade de procriar?

Os desejos de Eva não são legitimados, são severamente punidos. Deus diz que haverá sempre um ódio entre os descendentes da serpente e os da mulher. Indicaria isso que a mulher, a curiosa, teria para sempre interditado o acesso ao conhecimento? Por isso ficaria relegada a um papel secundário, ao lugar doméstico de mãe? Seria essa uma das raízes culturais da forma depreciada pela qual a mulher é vista, considerada menos confiável, mais vulnerável e frágil, incapaz de manter a palavra, um ser inferior? Afinal, é nessa condição que a mulher viveu durante muitos séculos, até recentemente ter seus direitos reconhecidos, ainda que não universalmente. Nesse particular, não precisamos lembrar da condição da mulher no Islã e na África, pois mesmo em nossas civilizações ocidentais persiste tal visão depreciativa.

São questões de fundamental interesse, mas voltemos ao nosso tema – a nudez. Vimos sua evitação no Gênesis, nos momentos inaugurais da humanidade. Adão e Eva se cobriam não para se proteger das intempéries, e sim para esconder o sexo. Eles tecem um "avental" com folhas de figueira. Não seria despropositado pensar que Freud se inspirou nesse relato bíblico quando atribui o trançar e o tecer como uma das poucas contribuições femininas nas descobertas e invenções na história da civilização. Tal invenção visava cobrir a genitália da mulher, no caso a ausência do pênis.[2]

Pode-se considerar que o relato bíblico simboliza o momento descrito por Freud da descoberta das diferenças anatômicas sexuais. Na fantasia da criança a nudez inicialmente não tem significado ("estavam nus e não tinham vergonha"), pois a criança

---

2  Freud, S. (1969). Feminilidade – Conferência XXXIII. In *Edição Standard das Obras Psicológicas Completas de Sigmund Freud* (Vol. XXII, p. 162). Imago. (Trabalho original publicado em 1933).

acredita que todos os seres humanos são iguais. Todos têm falos. Se ele está presente em alguns e ausente noutros, a mente infantil resolve esse problema apelando para uma experiência já armazenada em sua jovem existência: a dentição. No início todos têm uma gengiva lisa, sem dentes. Mas, com o tempo, eles aparecem, "nascem". Assim, ao observar que algumas crianças têm pênis e outras não, ela não se preocupa, acredita que, mais cedo ou mais tarde, eles "nascerão", tal como ocorreu com os dentes.

A partir de um determinado momento, essa diferença não mais é assim equacionada. Pensa a criança que aquelas nas quais o pênis não é visível, isso ocorre por ter sido ele extirpado, cortado fora. Aqueles que o exibem correm o risco de sofrer a mesma mutilação. As meninas, que teriam sofrido a castração, ficariam permanentemente com a queixa, o ressentimento e a inveja. Já os meninos, que não a sofreram, ficariam para sempre ameaçados com a possibilidade de sua execução.

Essa dramática mudança se dá em função do complexo de Édipo, das fortes correntes amorosas e odiosas dirigidas para os pais, esses "deuses" poderosos e imprevisíveis cujo amor exclusivo é desejado pelos filhos.

Dessa forma, o homem possui pênis, mas não está seguro de sua permanência, está sempre angustiado, praticando rituais que o reassegurem de que não o perderá, esconjurando a sempre pendente ameaça de castração. O machismo é uma supercompensação frente a essa angústia, expressando-se como medo da submissão ou passividade diante de outro homem, condições vividas imaginariamente como castração. As mulheres sentem-se prejudicadas e inferiorizadas, ressentidas e invejosas por não terem aquilo que pensam ser uma garantia de completude e felicidade.

As consequências psicológicas das diferenças anatômicas entre os sexos poderiam, em nível simbólico, conduzir a um abandono

120 CONSIDERAÇÕES SOBRE A NUDEZ A PARTIR DAS FOTOS...

do narcisismo onipotente e à aceitação do outro e do diferente. Ter ou não ter um falo passa a ser o símbolo fundamental da nossa incompletude humana. Mas nem todos conseguem atingir essa compreensão e se aferram aos fantasmas imaginários do falicismo, acreditando numa superioridade do homem e no desprezo e ódio à mulher, o que explicaria a posição social inferior que ela tem ocupado por tantos séculos. Machistas e feministas relutam em ver que ambos, mulheres e homens, são – para sempre – incompletos e desejantes.

Por outro lado, autores como Melanie Klein e seus seguidores, que enfatizaram a importância da relação dual com a mãe, a mais primitiva e fundamental de todas as relações, permitiriam entender o ódio à mulher de outra forma. O desprezo à mulher decorreria não do fato de ser ela imaginariamente castrada, mas da inveja que um dia, no passado, ela despertou no seu então bebê, ao exibir para ele seu seio bom, do qual ele dependia de forma absoluta, ou seu seio mau, que tanto o perseguia e assustava, também de forma absoluta. O ódio às mulheres seria uma vingança pelo excessivo poder que elas – como mães – um dia exerceram sobre os filhos. É o terror do poder sedutor e envolvente das mães que desencadeia o ódio e desprezo à mulher.

Embora essas ideias possam decorrer das teorizações kleinianas, elas não estão ali explicitadas, e sim, curiosamente, num autor como o norte-americano Stoller. Diz ele:

> *Com isso quero me referir ao fato de que os meninos precisam realizar um ato de separação frente à mãe que as meninas não têm necessidade de fazer. Esse ato imaginário estabelece, dentro dos meninos, uma barreira contra o desejo primitivo de permanecerem fundidos com suas mães, de não serem indivíduos separados*

*de suas mães e, assim, de não poderem ter certeza de serem efetivamente machos. Em outras palavras, eles temem se transformar em mulher. Muito da masculinidade em todas as culturas deriva deste conflito: a ênfase no falo, o medo da intimidade com as mulheres, o medo de ser humilhado pelas mulheres, a necessidade de humilhar as mulheres, de fetichizá-las.*[3]

Ambas as interpretações – o desprezo às mulheres decorrente de serem elas consideradas "castradas" e o ódio retroativo pelo excessivo poder materno – não são excludentes e devem-se sobrepor, abrangendo a costumeira sobredeterminação presente nos fenômenos inconscientes.

A visão de corpos nus do sexo oposto terá uma conotação prazerosa, francamente erótica, tanto mais distantes estejam as angústias fálicas infantis, que condicionavam a visão desses corpos em termos de castrados (percebidos com horror na visão masculina) ou não castrados (percebidos com inveja na visão feminina).

O pleno reconhecimento das diferenças anatômicas sexuais só acontece, claro, estando os corpos desnudos. O uso das roupas faz parte da estratégia do mal-estar na cultura, da repressão da sexualidade, da não estimulação dos desejos sexuais através do olhar. A cultura exige que andemos vestidos. Só nos despimos na maior intimidade e confiança – nos atos de higiene, nos procedimentos médicos e na prática amorosa.

A nudez nos expõe em nossa vulnerabilidade. Muito embora seja verdade que a nudez nos deixa com menos defesas aos ataques físicos do que se estivermos com roupas, a vulnerabilidade a que

---

3 Stoller, R. J. (1991). *A psychoanalyst explores the world of S&M* (p. 42). Plenum Press.

122 CONSIDERAÇÕES SOBRE A NUDEZ A PARTIR DAS FOTOS...

me refiro é maior e de outra ordem. A nudez nos deixa à mercê, no plano mais profundo, dos antigos fantasmas da castração – da angústia frente à concretização da ameaça sempre presente ou da humilhação de se exibir já castrado.

Escrevi anteriormente um texto sobre as performances de Spencer Tunick,[4] o artista que faz instalações com corpos nus de voluntários convidados a participar do evento. Na ocasião, mencionei a imagem dos corpos nus e amontoados do Holocausto, contrapondo-a com a dos corpos vivos da instalação artística. Lembro esse acontecimento porque a nudez também é um índice de liberdade de escolha. Habitualmente, só nos despimos quando queremos e desejamos. Se isso ocorre contra nossa vontade, configura-se uma situação de violência e constrangimento, agravados por todas as conotações profundas implicadas na exibição de nossos corpos nus, como mencionado.

Por todos esses motivos, a nudez é usada nas técnicas de tortura, como forma de debilitar a resistência de prisioneiros. A nudez imposta nos faz regredir psiquicamente. Deixa-nos desvalidos e expostos a alguns de nossos fantasmas mais angustiantes. As roupas estão imbuídas de cargas simbólicas protetoras, pois trazem os emblemas da classe social, do gênero sexual, da identidade profissional etc. Nus, estamos despojados daqueles referenciais identificatórios, restando apenas os que estão focalizados diretamente no corpo e, neste, na diferença sexual, o que nos remete de volta à discriminação primeira e imaginária – castrado, não castrado; já castrado, a-ser-castrado.

As fotos do Iraque merecem ainda duas observações.

1) Parece-me um tanto hipócrita a universal indignação com a publicação das fotos de tortura. Por acaso não se sabe que a tortura

---

4 Vide o capítulo "Spencer Tunick e seus corpos nus".

é usada sistematicamente em todas as guerras? E nas guerras a violência e a destrutividade estão à solta, executando todas as atrocidades que a mente humana é capaz de engendrar. Como lembra Derrida,[5] durante as guerras cria-se a figura jurídica do "inimigo" e, com ela, a permissão legal de matá-lo. É verdade que não devemos desprezar a dimensão simbólica que possibilita transformar o "inimigo" a ser assassinado num "prisioneiro" ao qual se deve proteger. Mas vê-se que o problema é mais amplo.

2) As fotos evidenciam a revolução na comunicação trazida pelas câmeras digitais e pela internet, veiculando com grande facilidade imagens que antes seriam inacessíveis ao público. Essa é uma boa coisa – talvez a única – desse episódio macabro. O pensarmos que o controle da informação próprio dos regimes totalitários e dos Estados em guerra fica cada vez mais difícil, permitindo o trabalho daqueles que não se furtam a exercer sua humanidade, mesmo quando esta parece ter desaparecido a seu redor. Não sei bem como as fotos chegaram a público. Mas me agrada pensar que algum soldado, inconformado com a barbárie, as tenha enviado para o mundo como um protesto. Se assim foi, envio-lhe daqui meus comprimentos e solidariedade.

---

5  Derrida, J. (2003). *De que futuro* (p. 112). Zahar.

# De novo e sempre, o mal-estar na cultura[1]

As relações entre psicanálise e a cultura constituem um tema de excepcional importância.

Como sabemos, depois de descobrir o Inconsciente no trato com as histéricas, Freud – em rápida sucessão – constata que suas observações e conclusões são aplicáveis às outras patologias e à própria "normalidade": há um funcionamento psíquico cuja produção escapa totalmente à consciência e à lógica racional, produção essa que se manifesta na sintomatologia dos "loucos" e nos sonhos dos "normais", e que se expressa através de uma linguagem cifrada, até então incompreensível a ponto de ser-lhe negada qualquer significação. Freud organiza então um edifício teórico abrangente, capaz de nele incluir toda manifestação do psiquismo humano.

---

1 Palestra conferida na inauguração da Sociedade de Psicoterapia Psicanalítica do Ceará, Fortaleza, junho de 2000. Para a atual publicação, foram feitas algumas modificações no texto original. Publicado na revista *Pulsional*, (150), 2001.

126 DE NOVO E SEMPRE, O MAL-ESTAR NA CULTURA

Sendo o Inconsciente patrimônio de todos, com tudo o que ele representa de infantil, extemporâneo, atemporal, imutável, essa dimensão vai ter expressão e consequências extremamente amplas nas sociedades e nas culturas humanas. As mesmas leis que regem o indivíduo regem o social.

Assim, em 1913, Freud escreve *Totem e tabu* e, em 1921, *Psicologia do grupo e análise do eu*. Seu interesse sobre os fenômenos sociais e culturais toma tal vulto que, em *Um estudo autobiográfico*, revela que a partir de 1923 dedicara o melhor de sua capacidade analítica e reflexiva aos processos de construção e destruição na cultura.

É quando escreve *O futuro de uma ilusão* (1927), *O mal-estar na civilização* (1930), *Por que a guerra* (1932) e *A questão de uma Weltanschauung* (1932).

Expressam esses textos a *Weltanschauung* psicanalítica freudiana, a concepção de mundo vista por sua ótica. Essas obras foram produzidas na velhice de Freud, estando ele já com o câncer que o abateria no final de dezesseis anos de sofrimentos e inúmeras cirurgias. Tinha passado pela Primeira Grande Guerra e observava o retomo do belicismo e do antissemitismo. Tais fatos davam elementos para que Freud não se sentisse especialmente otimista em relação à humanidade. Mas as ideias ali expressas não devem ser atribuídas ao humor depressivo com que Freud os teria escrito. São decorrências da lógica interna de sua teorização e trazem teses fecundas, que continuam atuais.

Muitas vezes ouve-se dizer que não existe uma *Weltanschauung* própria da psicanálise. Penso que essa afirmação tem dois motivos. O primeiro decorre de uma leitura apressada de um dos trabalhos citados acima, a Conferência XXXV, justamente intitulada *A questão de uma Weltanschauung*, a última das *Novas conferências introdutórias sobre psicanálise*, que Freud escreveu em 1932. O outro

SÉRGIO TELLES 127

motivo poderia decorrer de uma atitude resistencial e defensiva frente ao conteúdo desafiador e inquietante que está exposto nesses quatro trabalhos.

Neles Freud ataca com grande vigor as ilusões mais prezadas pela humanidade, atitude temerária, capaz de polarizar reações negativas. Faz profundas reflexões sobre a determinação inconsciente dos fenômenos políticos vigentes na paz e na guerra, detém-se sobre os aspectos infantilizantes da religião e reafirma as bases da epistemologia psicanalítica, algo sobremaneira pertinente na atualidade, já que a psicanálise se vê acuada pela pecha de "não científica" pela voga das neurociências.

Essas reflexões freudianas sobre a sociedade, de forte conotação política, foram, por certo tempo, relegadas a um segundo plano em decorrência, por um lado, de uma sociologia centrada exclusivamente na economia e, por outro, pelo próprio *establishment* psicanalítico, que se restringiu a uma prática clínica, afastando-se inteiramente da crítica da cultura, função que Freud pensava ser inerente aos psicanalistas, mas que se mostrou temerária durante o nazismo.

Felizmente vivemos um momento de grande revitalização dessa área do pensamento freudiano. Grande papel tem nisso a contribuição de Jacques Derrida, que afirma ser impossível, no presente, qualquer pensamento de ordem ética, jurídica ou política que ignore os aportes da psicanálise. Derrida explorou extensamente esse tema em sua conferência de abertura dos Estados Gerais da Psicanálise em Paris, em 2000, texto publicado sob o título *Estados d'alma da Psicanálise*.

Vou me deter um pouco sobre a forma com a qual Freud trata a questão da *Weltanschauung*, pois nela estão expostas algumas premissas de sua epistemologia.

128  DE NOVO E SEMPRE, O MAL-ESTAR NA CULTURA

O que é mesmo uma *Weltanschauung*? Assim Freud a conceitua:

> *Suponho que* Weltanschauung *seja um conceito especificamente alemão, cuja tradução para línguas estrangeiras certamente apresenta dificuldades. . . . * Weltanschauung *é uma construção intelectual que soluciona de maneira uniforme todos os problemas de nossa existência com base em uma hipótese superior dominante, a qual, por conseguinte, não deixa nenhuma pergunta sem resposta e na qual tudo o que nos interessa encontra seu lugar fixo. Facilmente se compreenderá que a posse de uma* Weltanschauung *desse tipo situa-se entre os desejos ideais dos seres humanos. Acreditando-se nela, pode-se sentir segurança na vida, pode-se saber o que se procura alcançar e como se pode lidar com as emoções e interesses próprios da maneira mais apropriada.*[2]

Freud logo acrescenta que a psicanálise não poderia ter sua *Weltanschauung* própria e independente, pois, sendo ela um ramo da ciência, seu ramo "psicológico" deve necessariamente compartilhar da *Weltanschauung* que é própria da ciência. É preciso esclarecer, diz Freud, que essa *Weltanschauung* da ciência já diverge bastante da definição antes proposta, na medida em que, apesar de pressupor "uma uniformidade da explicação do universo, o faz na qualidade de projeto, cuja realização é relegada ao futuro".

Vou novamente citá-lo, dada a clareza e a importância de suas afirmações. Diz ele:

---

2  Freud, S. (1976). Conferência XXXV – A questão de uma Weltanschauung. In *Novas conferências introdutórias sobre psicanálise* (Edição Standard, Vol. XXII, p. 193). Imago.

*Ademais, marcam-na [a esta Weltanschauung cientí-
fica] características negativas, como o fato de se limitar
àquilo que no momento presente é cognoscível e de rejeitar completamente determinados elementos que lhe
são estranhos. Afirma [esta Weltanschauung] que não
há outras fontes de conhecimento do universo além da
elaboração intelectual de observações cuidadosamente
escolhidas – em outras palavras, o que podemos chamar de pesquisa – e, a par disso, que não existe nenhuma forma de conhecimento derivada da revelação, da
intuição ou da adivinhação.*[3]

Verifica-se que: a) Freud deixa claro que a psicanálise tem, sim,
uma *Weltanschauung*, que é a científica; b) ao especificar as características "negativas" da *Weltanschauung* científica, que quase nem
pode ser assim denominada, Freud faz uma decisiva declaração
epistemológica a respeito da produção de conhecimento, estabelecendo a diferença radical entre o conhecimento produzido pela
ciência, obtido rigorosamente dentro dos limites do princípio da
realidade, e todas aquelas outras produções que são confundidas
com o conhecimento, mas que não passam de ilusões decorrentes
da realização de desejo, baseadas que são no princípio do prazer.

O conhecimento científico, assim, não pode se apoiar em "revelações", base de todo o "conhecimento" oferecido pelas religiões.
O conhecimento científico é fruto de observação e pesquisa da
realidade, produzido num longo processo de tentativa e erro, com
seus ensaios e correções, comparações, possibilidade de descrição
e reprodução em circunstâncias estudadas. As "revelações" são dados que uma suposta divindade oferece e que devem ser acatados
sem maiores questionamentos.

---

3 Freud, S., *op. cit.* (p. 194).

130 DE NOVO E SEMPRE, O MAL-ESTAR NA CULTURA

O que está implícito em tudo isso é que diferentes *Weltans-chauungen* produzem diferentes formas de "conhecimento". Citei duas *Weltanschauungen*, a religiosa e a científica, e Freud ainda menciona mais duas, a artística e a filosófica. Reconhece, entretanto, que a relação mais problemática é a que se estabelece entre a *Weltanschauungen* científica e a religiosa, pois a artística de antemão se supõe uma ilusão, e a filosófica caminha próximo da *Weltanschauung* científica, equivocando-se apenas por supervalorizar o poder de suas formulações racionais, o que a faz incorrer em graves erros.

Quando Freud diz que, das quatro *Weltanschauungen*, a relação mais problemática é a que se estabelece entre a religiosa e a científica, é por reconhecer que aquilo que a ciência oferece para a humanidade é muito pouco e muito severo, se comparado com as onipotentes ofertas proporcionadas pelas ilusões religiosas. Frente às dificuldades da condição humana, com seu desamparo, sua fragilidade, seu desconhecimento, sua perplexidade frente à morte, a religião oferece todas as respostas e reasseguramentos desejados. A ciência, pelo contrário, nos obriga a lidar com o desconhecido e trabalhar para atingir algum conhecimento eficaz, não nos poupando a visão de nossa própria finitude e limitação.

É verdade que somente assim, reconhecendo o desconhecimento e lutando contra ele, é que a ciência produz um saber de valor inestimável, pois é através dele que o homem consegue um progressivo domínio sobre a natureza, criando novas facilidades que possibilitam uma melhor qualidade de vida.

Mas, para a grande maioria das pessoas, isso é irrisório frente às "certezas" que a religião oferece. Diante do desamparo e da morte, nossos medos mais arraigados, a religião oferece uma organização que reproduz a situação infantil, em que pais todo-poderosos cuidam de filhos desvalidos, dão todas as respostas, todas as garantias.

Neste ponto central, a religião é o oposto da ciência, representada aqui pela psicanálise. A religião atende aos mais profundos e regressivos anseios inconscientes de proteção e amor, enquanto a psicanálise (a ciência) mostra o infantil e regressivo desse desejo e conclama o homem a lutar com suas próprias forças para superar as dificuldades inerentes à existência. O pensamento científico e o pensamento religioso são antípodas irreconciliáveis, sendo o científico facilmente invadido por aquele outro.

Se podemos estabelecer a diferença entre conhecimento e as ilusões fruto de realização de desejos infantis proporcionados pela religião, não se pode ignorar ou diminuir a extraordinária importância que esta exerce – justamente por esse motivo – para a vida humana.

Como está claro, as *Weltanchauungen* cumprem um importante papel defensivo na angústia decorrente do desamparo humano. Com exceção da científica, são estruturas simbólicas que possibilitam a representação de um mundo organizado de acordo com ilusões que amenizam aspectos mais ásperos da realidade da condição humana.

As ideologias que marcaram tão intensamente o nosso tempo podem ser consideradas como *Weltanchauungen*. As ideologias, quer sejam as de direita (os delírios nazistas do "super-homem" da "raça pura ariana") ou de esquerda (a ditadura do proletariado precursora de uma sociedade sem desigualdade social), organizam todo um modo de ver o mundo e a realidade, veiculam fortes paixões, atendem a fantasias de realização de desejo que determinam modelos ideais de organização social que os aproximam inteiramente da *Weltanschauung* religiosa.

132   DE NOVO E SEMPRE, O MAL-ESTAR NA CULTURA

Voltando às *Weltanschauungen*, como se formam estas cosmovisões, estas *Weltanschauungen*, estas ideologias? Já vimos que elas decorrem de fantasias de realização de desejo, com bases na idealização infantil. O sujeito se constitui dentro da família, onde os pais oferecem os modelos básicos de identificação organizatória do aparelho psíquico, veiculando para o filho, junto com a linguagem, os valores comuns de sua cultura e aqueles mais específicos, próprios da família. Assim, as cosmovisões e ideologias de cada família serão adotadas ou não pelo filho, em função das identificações ou movimentos opostos a ela, frutos da conflitiva edipiana. Concordando ou não com a *Weltanschauung* dos pais, esses valores serão introjetados, farão parte do ideal do ego e do superego, constituirão importante componente da identidade do sujeito. Esses valores possibilitarão laços sociais, através da formação de grandes grupos geradores de identificação entre seus membros.

Tendo em mente sua participação como componentes da identidade do sujeito, fica claro que eventuais abalos nestas visões de mundo, nestas *Weltanschauungen*, nestas ideologias, possam ter efeitos profundamente desestruturantes para o sujeito em causa, que sente tais abalos como ameaça a sua própria integridade psíquica.

Um exemplo atual disso diz respeito àqueles que – como eu – comungávamos com uma visão política de esquerda e que fomos surpreendidos com as reviravoltas trazidas pela história, fazendo-nos perder referenciais organizatórios idealizados importantes. Isso gera em muitos uma penosa desorientação que é combatida, não poucas vezes, com um cego aferrar-se à situação anterior, a um negar a realidade atual. Penso que somente elaborando-se o luto por essas formações ideais se recuperará a capacidade de propor novos modelos de mudança, diferentes daqueles que a realidade demonstrou serem inexequíveis.

É necessário entender que, se a solução pensada para os problemas sociais (revolução, ditadura do proletariado etc.) se mostrou inadequada, isso não faz com que fique anulada a visão crítica das distorções do capitalismo que geram a injustiça social, não faz vencedora a ideologia de direita.

De certa forma, a depressão causada pela perda do sonho de poder mudar o mundo, de ter um papel ativo na construção de um mundo melhor, é importante componente do mal-estar da cultura hoje em dia. Joel Birman[4] atribui a essa conjuntura papel importante na atual crise da psicanálise. Diz ele que, se nos anos 1960 se acreditava que era possível mudar o mundo externo com a revolução, também se acreditava que era possível mudar o mundo interno com a psicanálise. Como o primeiro se revelou impossível, isso desencadeou uma descrença na segunda possibilidade.

\* \* \*

Para seguirmos o que Freud chama de "o mal-estar na civilização", talvez seja interessante lembrar como ele entende a instauração da civilização na humanidade – a maneira pela qual saímos da natureza e ingressamos na cultura. Freud propõe, em *Totem e tabu*, um relato mítico em que descreve o nascimento da lei primordial que nos resgata da pura animalidade. O mito freudiano mostra a existência de uma horda primitiva comandada por um pai violento e poderoso que protege a todos com sua força e exerce o poder absoluto, expulsando os filhos que o ameaçam, apropriando-se de todas as fêmeas. Um dia, os filhos se reúnem, matam-no e o comem num banquete totêmico, com o intuito de incorporar sua força e retê-lo, já que eram ambivalentes em relação a ele – não só o odiavam, mas também o amavam. Com o passar do tempo, os filhos se sentem culpados, reprimem o assassinato do pai e firmam

---

4 Birman, J. (1999). *Mal-estar na atualidade* (p. 82). Civilização Brasileira.

134  DE NOVO E SEMPRE, O MAL-ESTAR NA CULTURA

um pacto de não agressão entre si, estabelecendo que nenhum deles pode ocupar o lugar que fora do pai e, se o tentar, será morto.

Depois disso, instauram o totem como representante simbólico do morto – o animal totêmico que será abatido ritualmente uma vez por ano. Para aliviar o remorso e a culpa, os filhos identificam-se entre si, reforçam seus vínculos de amor e amizade e intensificam o respeito à antiga vontade paterna, contra a qual se tinham rebelado e que é agora internalizada e transformada em lei. São organizados os tabus, as proibições, e, entre elas, a mais importante – o tabu do incesto. Mais tarde, assustados e temerosos, nostálgicos pela proteção outrora recebida do pai, passam a cultuá-lo e idealizá-lo na figura do totem, inaugurando assim o sentimento religioso. O banquete totêmico sintetiza simbolicamente o assassinato do pai e o amor dos filhos para com ele.

Em *Totem e tabu* estão a gênese da religião e da organização política, a explicação de por que durante tanto tempo o poder secular (o Estado) e a religião estiveram juntos, união somente desfeita com a Revolução Francesa.

Ao estudar a formação das grandes massas modernas e de seus líderes, Freud identifica ali o retorno do reprimido, a volta da psicologia da horda primitiva regida por um pai tirânico e onipotente mas amado.

O processo de instalação da cultura aqui descrito em termos míticos é visto na clínica através do estabelecimento do complexo de Édipo.

Freud retomará e ampliará essas ideias em *O mal-estar na civilização*. Ao explicar a gênese do "sentimento oceânico" para Romain Roland – que nele via indícios de um anseio pelo eterno como a origem do sentimento religioso –, Freud afirma ser ele uma mera repetição do sentimento de plenitude vivido pelo bebê antes da separação de sua mãe, marca da definitiva e inevitável ferida narcísica que nos faz surgir como sujeitos desejantes, para sempre cientes da falta.

Freud lembra que a existência humana busca alcançar o prazer e fugir da dor, objetivos nem sempre atingíveis, decorrendo daí que o homem está muito mais propenso a vivenciar a infelicidade. Descreve três fontes do sofrimento humano – a violência da natureza, a fragilidade de nosso corpo e as dificuldades das relações interpessoais. Salienta que as duas primeiras independem de nossa vontade, o que não acontece com a terceira. As relações humanas poderiam ser uma fonte de refrigério frente às inevitáveis calamidades que a vida traz, mas, na verdade, são fonte de grande sofrimento para todos. É necessário um rígido controle dessas relações, pois somos como porcos-espinhos – precisamos nos unir, mas a proximidade é quase impossível sem ferimentos recíprocos. Há um grande mal-estar nas relações sociais.

As relações humanas são regidas pela lei. É aí que lembramos do mito da horda primitiva. O mal-estar decorre do sentimento de culpa do assassinato primordial do pai, ato que tornou possível a convivência em grupos pelo estabelecimento da lei – o impedimento que proíbe a livre manifestação da agressividade e da sexualidade, banindo e punindo o assassinato e o incesto. A agressão desimpedida e a libido também sem restrições tornariam a vida inviável em sociedade. A civilização, diz Freud, repousa necessariamente na repressão dessas duas grandes forças pulsionais, daí seu permanente e estrutural "mal-estar".

Em *O mal-estar na civilização*, Freud afirma que na pulsão destrutiva, agressiva, advinda da pulsão de morte, está o maior perigo à civilização. Além da identificação e das relações amorosas, a única forma de contornar, controlar e reprimir a agressividade humana é através de sua internalização. Dessa forma, ao invés de ser dirigida para fora, a agressão se volta para o interior de cada um

136 DE NOVO E SEMPRE, O MAL-ESTAR NA CULTURA

de nós. Isso se dá através da ambivalência do complexo de Édipo reforçada pela pulsão de morte, pelos processos de identificação, responsáveis pela formação do superego, que – entrando em tensão com o ego – estabelece o sentimento de culpa.

O mal-estar da civilização é o preço de vivermos em sociedade, reprimindo a sexualidade e a agressividade. O mal-estar é estrutural, próprio dos processos de organização do psiquismo do homem, do fato de a existência humana não ser regida pelas leis da natureza.

Sendo assim, vê-se que o mal-estar independe das estruturas sociais externas. É necessário que os pensadores e líderes políticos e sociais tenham conhecimento desse fato, pois isso permitiria o planejamento de mudanças e reformas sociais mais realísticas e menos custosas do ponto de vista humano.

Foi por esse motivo que Freud viu com ceticismo as promessas da Revolução Russa, que, supervalorizando a importância dos fatores econômicos na organização social, acreditava estar construindo um homem novo ao abolir a propriedade privada, tida como a corruptora de sua natureza originalmente boa.

Diz Freud:

> *A agressividade não foi criada pela propriedade. Reinou quase sem limites nos tempos primitivos, quando a propriedade ainda era muito escassa, e já se apresenta no quarto das crianças, quase antes que a propriedade tenha abandonado sua forma anal e primária; constitui a base de toda relação de afeto e amor entre as pessoas (com a única exceção, talvez, do relacionamento da mãe com seu filho homem). Se eliminamos os direitos pessoais sobre a riqueza material, ainda permanecem,*

*no campo das relações sexuais, prerrogativas fadadas a se tornarem a fonte da mais intensa antipatia e da mais violenta hostilidade entre homens que, sob outros aspectos, se encontram em pé de igualdade.*[5]

A agressividade e alguns aspectos anais e primários da propriedade se assentam no arcaico desejo de posse do objeto amoroso, da posse do outro, dialética que se instala nos momentos de estruturação do sujeito. São sentimentos que não são abalados por mudanças superestruturais. Além do mais, a ideia de que a distribuição equitativa da propriedade seja possível, de que com isso se poria fim às diferenças entre os homens, base das lutas, lembra Freud, não passa de uma fantasia, de um desejo distante da realidade. Diz ele:

*Quem quer que tenha provado as desgraças da pobreza em sua própria juventude e experimentado a indiferença e a arrogância dos abastados, deveria achar-se a salvo da suspeita de não ter compreensão ou boa vontade para com os esforços destinados a combater a desigualdade de riqueza entre os homens e tudo a que ela conduz. Certamente, se se fizer uma tentativa para basear esta luta numa exigência abstrata, em nome da justiça, da igualdade para todos os homens, existirá uma objeção muito óbvia a ser feita: a de que a natureza, por dotar os indivíduos com atributos físicos e capacidades mentais extremamente desiguais, introduziu injustiças contra as quais não há remédio.*[6]

---

5 Freud, S. (1974). O mal-estar na civilização. In *Edição Standard das Obras Psicológicas Completas de Sigmund Freud* (Vol. XXI, p. 135). Imago.
6 Freud, S., *op. cit.* (p. 135).

138 DE NOVO E SEMPRE, O MAL-ESTAR NA CULTURA

Ou seja, a forma absolutamente aleatória e injusta com que a natureza distribui os dons de beleza e inteligência continuaria gerando privilegiados e desprivilegiados, mantendo motivos para a competição, a rivalidade, a inveja e a luta entre os homens. Sendo o mal-estar estrutural, independente das organizações sociais, implicaria isso um niilismo político freudiano? Todos os modelos políticos sociais seriam igualmente enganosos e ilusórios? Tanto faz um regime totalitário como uma democracia? Mais ainda, sendo o mal-estar estrutural, implicaria também um niilismo terapêutico da psicanálise?

Claro que não, pois, ao acreditar que a única salvação do homem está na aceitação da civilização como uma de nossas maiores conquistas e, dentro dela, a *Weltanschauung* científica, Freud disso faz decorrer uma série de consequências das mais importantes, pois essa *Weltanschauung* só pode ser estabelecida se o Estado tiver interesse em educar as massas, der oportunidades para seu crescimento e desenvolvimento, afastando-as da ignorância e do obscurantismo. É necessário, pois, um Estado iluminista, que permita o crescimento intelectual de seus cidadãos, para que possam desenvolver suas potencialidades ao máximo, afastando-os de uma tutela infantilizadora e castradora. Neste novo iluminismo, evidentemente, se inclui o conhecimento da importância do inconsciente e de sua presença em todo ato humano.

Uma posição igualmente lúcida e crítica é defendida por Freud frente ao problema da guerra, quando diz que se deve levar em conta a inelutável agressividade do ser humano, sem que se tenha ilusões ou pretensões de negá-la ou extirpá-la. Devemos contorná-la com mecanismos culturais, com a escolha de líderes capazes e com nossa luta pelo pacifismo.

Ao estudar o papel do líder na formação das grandes massas políticas modernas e vincular o fenômeno à regressão do grupo à psicologia da horda primitiva, Freud estava atento aos acontecimentos de seu tempo, mas podemos pensar que isso é vigente mesmo em tempos de paz nas democracias ocidentais, quando o grupo se deixa levar pelo canto de sereia dos políticos, abdicando de autonomia e fazendo escolhas regidas pelo desejo nostálgico inconsciente de se pôr sob a proteção do grande pai da horda primitiva. Somente isso poderia explicar como eleitores bem-informados possam eleger líderes corruptos e incompetentes.

Do ponto de vista terapêutico, a postulação do mal-estar tampouco paralisa Freud. Ele sustenta que somente ao superar as amarras narcísicas onipotentes, o que possibilita o assumir sua verdadeira dimensão trágica de ser-para-morte, o homem pode desabrochar plenamente em todas as suas potencialidades.

Se Freud criticava a crença de que o final da propriedade privada acabaria com a agressividade, sem reconhecer que esta tem bases mais profundas, assentadas na posse do objeto amado, na analidade, o que pensaria ele hoje da sociedade capitalista, onde a "propriedade privada" não só se mantém, como se concentrou ainda mais nas mãos dos privilegiados e é também multiplicada ao infinito e estilhaçada sob a forma de "objetos de consumo", cuja aquisição é estimulada incessantemente pela mídia e pela propaganda, fetichizando-a a mais não poder? A ilusão alimentada pela ideologia é que consumir, comprar, ter a propriedade dos mais diversos objetos trará a felicidade, a desejada completude narcísica perdida.

O que diria de nossa sociedade atual, denominada por Debord como "sociedade do espetáculo"? Essa sociedade onde o poder – seja qual for sua inclinação – para se perpetuar em sua situação de privilégio instala o "espetáculo", no qual a realidade é escamoteada pela manipulação das massas através da mídia e da propaganda, tomadas onipresentes e oniscientes, ambas a venderem ilusões e

140 DE NOVO E SEMPRE, O MAL-ESTAR NA CULTURA

mistificações? Nessa sociedade, a mídia, em aparente pletora de informação, na verdade desinforma de maneira sistemática, na medida em que não expõe, ou o faz de forma distorcida, aquilo que efetivamente interessa saber e informar. Ambas – mídia e propaganda – se empenham em fragmentar o raciocínio lógico e destruir a noção de história, promovendo um eterno e autônomo presente, na ignorância ou na negação de um passado ligado ao futuro. Nessa sociedade, a irracionalidade a tudo permeia, a produção econômica é regida por demandas artificialmente criadas e a única lógica vigente é a do poder, que usa de todos os recursos para se perpetuar. "O espetáculo confundiu-se com a realidade, ao irradiá-la", diz Debord.

Claro que tudo isso está muito longe dos pressupostos sustentados pela *Weltanschauung* científica, psicanalítica, em sua luta contra a ilusão. Aqui tudo alimenta a ilusão, tudo conspira contra a verdade.

Falamos antes como o acesso à realidade é difícil em função das ilusões decorrentes da realização de desejo, ilusões que – por sua vez – organizam-se em *Weltanschauungen*, das ideologias, religiões. O que Debord acrescenta com grande clareza é a forma como o poder – seja ele qual for – não tem interesse em proporcionar o acesso das massas à efetiva compreensão da realidade, coisa que inevitavelmente colocaria em risco seus privilégios. Para tanto, o poder manipula incessantemente as *Weltanchauungen*, moldando-as dentro de seus interesses.

Por dificultar o acesso à realidade, por alimentar sistematicamente ilusões, por negar a castração simbólica, essa "sociedade do espetáculo" dá margem ao que muitos chamam de "novas formas de subjetivação", que poderiam ser entendidas como novos transtornos de caráter, os transtornos de ordem narcísica, as personalidades *borderline*.

Birman[7] afirma que as "depressões", "síndromes do pânico" (essas duas grandes vedetes dos consultórios atuais) e as toxicomanias decorreriam da frustração narcísica. A necessidade de manter a satisfação narcísica alimentaria o narcotráfico e a própria ênfase atual da psiquiatria na farmacologia, a seu ver, seria uma contrapartida, um movimento próximo ao do narcotráfico, por enfatizar a crença na possibilidade de rápidas e fáceis satisfações quimicamente condicionadas, ignorando a importância do mundo simbólico do paciente.

A grande incidência dos distúrbios narcísicos atuais pode ser vista por outro ângulo. Se entendermos o narcisismo como o momento de fusão com o objeto primário, as disfunções narcísicas apontam para a existência de sujeitos nos quais a castração simbólica não operou adequadamente, deixando-os numa atitude de permanente adição frente a suprimentos narcísicos dos quais não podem abrir mão, sem os quais não podem subsistir. Esses suprimentos narcísicos poderão ser fornecidos pela droga ou pelo Outro, ao qual há uma aderência, uma dependência fusional pouco reconhecida. Nesses casos não há o reconhecimento de uma efetiva alteridade, pois o sujeito não se discrimina inteiramente do objeto, está nele entranhado sem o reconhecer e sem se reconhecer. Aparentemente ele "usa" o Outro, na verdade dele necessita vitalmente, não poderia existir sem ele.

Ao lado da superestrutura constituída pela "sociedade do espetáculo", que outras explicações teríamos para o aparente aumento dessas patologias narcísicas? Seria – como muitos dizem – a decadência do nome-do-pai, da lei, o que resultaria numa castração simbólica evitada? A família – por vários motivos – não estaria mais exercendo sua função primordial de lugar onde se estrutura a subjetividade, onde se constitui o sujeito humano, onde a função

---

7 Birman, J., *op.cit.* (pp. 192, 233-249).

142     DE NOVO E SEMPRE, O MAL-ESTAR NA CULTURA

materna e a função paterna tomam corpo e são exercidas, proporcionando as matrizes identificatórias essenciais, mediando os padrões culturais da sociedade para as novas gerações?

Como já foi dito, esse mundo da patologia narcísica é largamente alimentado pela "sociedade do espetáculo". A mídia, especialmente a todo-poderosa televisão, nos bombardeia ininterruptamente com imagens de sucesso sexual e financeiro, mostrando um novo Olimpo, onde desfilam os atuais deuses cheios de beleza, juventude, dinheiro e fama. Ela promete o acesso a esse Olimpo, desde que sigamos suas instruções de consumo, insistentemente propagadas através da publicidade. Isso tem um efeito altamente nocivo. Sabemos que a publicidade em si é enganosa, é uma falácia. Para vender seu produto, apela para a fantasia de todos, promete a realização de secretos desejos inconscientes. Sabemos de tudo isso, mas, como diz Mannoni,[8] "mesmo assim", seguimos as instruções de consumo, na impossível esperança de atingir o paraíso prometido. Quando se esgota a denegação e a realidade se impõe, resta apenas uma grande frustração com as promessas não cumpridas, um aumento das feridas narcísicas, um imenso incremento da inveja frente aos felizes habitantes do Olimpo.

Dizendo de outra forma, a televisão impõe padrões narcísicos irrealísticos veiculados massivamente através da publicidade, frente aos quais todos nós reagimos desenvolvendo uma forma perversa de pensar, como disse Mannoni.

Frente ao narcisismo inevitavelmente ferido pela realidade, só nos restam duas alternativas. A primeira é a tentativa desesperada de restaurá-lo, numa insana procura de subsídios narcísicos. Drogas, relações fusionais, negação da alteridade, intolerância, projeção do insuportável, o querer acreditar que tudo se resolve

---

8  Mannoni, O. (1973). *Chaves para o imaginário* (p. 9). Vozes.

fácil e rapidamente. Às vezes parece que a psiquiatria, como diz Birman, talvez inadvertidamente, entre por essa via, acreditando tudo poder fazer com as drogas, dispensando a dimensão humana, subjetiva, simbólica do paciente. Todas essas medidas estão intrinsecamente ligadas à forma de funcionamento da "sociedade do espetáculo".

A alternativa é aquela que a psicanálise oferece, indo na contramão do espírito do tempo, nadando contra a corrente, afrontando a "sociedade do espetáculo". É proporcionar o confronto com a inevitável ferida narcísica da castração, única via para uma integração maior do psiquismo e um contato mais efetivo com a realidade interna e externa de cada um. Não deve nos produzir muita surpresa constatar que os compradores de ilusão, e eles são legião, não se interessam muito por tal mercadoria.

Ao ser abordada a questão do mal-estar na cultura, não se pode esquecer o grave problema da exclusão social. Os bolsões de miséria abandonados pelo Estado muitas vezes são regidos pela psicologia da horda primitiva, sujeitos à lei arbitrária do mais forte, experimentando situações em que as funções paterna e materna não podem ser exercidas adequadamente, o que nos mostraria como os efeitos da exclusão são mais terríveis do que poderíamos supor. Um bom exemplo disso seria o filme *Cidade de Deus*, de Fernando Meirelles.

Nota desta edição: a manipulação das massas via propaganda e meios de comunicação – um dos aspectos do mal-estar na cultura abordados neste texto escrito há vinte anos – recebeu um extraordinário reforço com o avanço da tecnologia, como mostram as redes sociais veiculadas pela internet.

# Alétheia, Doxa e Episteme: onde se esconde a verdade no discurso dos políticos

Debord, em sua lúcida descrição do que chama a "sociedade do espetáculo", diz que uma das formas usadas pelo poder para se manter e para alienar as massas é a criação de um presente "eterno", em que não está ele ligado a um passado nem dirigido a um futuro. Com isso se pretende abolir a história e destruir o pensamento lógico, que possibilita conexões de causa e efeito, elementos que o poder deseja evitar pelo potencial contestatório neles implícito. Diz Debord: "Busca-se a dissolução da lógica, de acordo com os interesses fundamentais do novo sistema de dominação, por diferentes meios que sempre se apoiaram reciprocamente nessa ação".[1]

Tais ideias me acodem à mente sempre que leio no jornal notícias sobre nossos políticos. Essa leitura me faz constatar uma quase sistemática dissociação entre o discurso dos políticos e os fatos da realidade. O que caracteriza o discurso do político, de modo geral, é seu não compromisso com a verdade, desde que visa exclusivamente a consecução de objetivos pragmáticos

---

1 Debord, G. (1999). *A sociedade do espetáculo* (p. 187). Contraponto.

146  ALÉTHEIA, DOXA E EPISTEME

ligados à conquista do poder e a sua permanência naquele privilegiado lugar.

Na "sociedade do espetáculo" cada vez menos importam os fatos. O que conta realmente são as versões, as imagens, os simulacros. Essa situação é facilitada pelos desenvolvimentos das mídias digitais e pelo uso generalizado das chamadas "pesquisas de opinião pública". A preocupação primordial do político não é com a verdade, a realidade ou a legitimidade inerentes aos fatos ocorridos e eventualmente veiculados pela mídia como informação. Sua preocupação é avaliar a resposta do público a essas informações através das pesquisas de opinião. É a partir da reação do público, ou seja, da imagem que o público faz do ocorrido, que o político irá agir.

Essa é a base da propaganda política e da publicidade comercial. Distante da verdade, os discursos próprios dessas produções miram objetivos específicos – o acesso ao poder e a permanência nele, por parte dos partidos políticos, e o aumento do consumo, por parte da indústria e do comércio.

Seguindo essa lógica, entendemos por que os governos investem tanto em propaganda. Vejamos um exemplo hipotético como ilustração. Vamos supor que haja uma queixa da população pela forma negligente com a qual o Estado trata a questão da educação. Frente a essa queixa, os políticos da oposição irão manipulá-la com o intuito de enfraquecer a situação; a situação procurará negar qualquer veracidade da queixa, criando para tanto uma campanha publicitária. Ou seja, oposição e situação não se preocupam em resolver a questão em si, em avaliar a adequação e veracidade da queixa da população. O que importa é a luta pelo poder. A oposição procurará se fortalecer e a situação criará, através da propaganda, um mundo fictício que afirma o contrário do que ocorre na realidade – serão produzidas peças publicitárias que mostram alunos impecáveis, em escolas magníficas, com alegres e bem-dispostas professoras. Essa situação de total distanciamento da verdade nos faz viver num simulacro de realidade.

Diz Baudrillard:

> *Quando as coisas, os signos, as ações, são libertadas de sua idéia, de seu conceito, de sua essência, de seu valor, de sua referência, de sua origem e finalidade, entram então numa auto-reprodução ao infinito. As coisas continuam a funcionar, ao passo que a ideia delas já desapareceu há muito. Continuam a funcionar numa indiferença total a seu próprio conteúdo. ... mas as consequências dessa dissociação podem ser fatais. Qualquer coisa que perca a própria ideia é como o homem que perdeu a sombra – cai num delírio em que se perde.*[2]

A relação do discurso do político com a verdade leva a extremos um problema que está longe de ser novo. É apenas a versão atual e circunstancial de uma questão muito mais ampla e universal, que diz respeito às relações entre a palavra e a verdade, problema examinado com detalhe pelos gregos entre os séculos VI e V antes de Cristo.[3]

Os gregos consideravam que existia uma palavra sagrada portadora da verdade, *Alétheia*, só acessível ao aedo, ao poeta sagrado, que a ela chegou após beber nas fontes de *Mnemósine* (memória) e do *Lethes* (esquecimento). A *Alétheia* era o não esquecimento das verdades apreendidas no mundo dos deuses, para tanto estando

---

2 Baudrillard, J. (2003). *A transparência do mal* (7a ed., p. 12). Papirus.
3 Garcia-Rosa, L. A. (1990). *Palavra e verdade na filosofia antiga e na psicanálise.* Jorge Zahar.

148 ALÉTHEIA, DOXA E EPISTEME

o poeta esquecido das agruras da vida humana. Era uma verdade velada e a ela ter acesso era algo da maior importância.

Em contraposição à *Alétheia*, se erguia a *Doxa*, a Opinião. *A Doxa* foi desenvolvida pelos sofistas, que dessacralizaram a palavra, desvincularam-na dos deuses e da verdade, deram-lhe um estatuto humano, transformando-a num instrumento de persuasão em prol de interesses em conflito. Isso deu nascimento à dialética, ao diálogo. Mas rompeu de uma vez por todas a mítica relação da palavra com a verdade.

*Alétheia* foi abandonada. A palavra então passou a procurar persuadir, levar os interlocutores a concordarem com determinados pontos de vista que, obviamente, diziam respeito a interesses em jogo, sem nenhuma preocupação em expressar a verdade.

Como a Opinião não tinha outro sustentáculo além da persuasão, muitas vezes esta degenerava em coação ou pura violência. Platão tentou resolver a questão estabelecendo uma diferença entre *Doxa* (Opinião) e *Episteme* (Conhecimento). *Doxa*, a Opinião, diz respeito à certeza subjetiva sobre determinado tema, e *Episteme*, ao conhecimento objetivo sobre esse tema.

Se os antigos gregos já estavam atentos ao problema, ele só fez crescer no correr da história, na medida em que a circulação da informação foi-se intensificando e ampliando, até a implantação dos atuais poderosos e onipresentes meios de comunicação de massa.

Supostamente esses meios de comunicação de massa deveriam ilustrar o maior número possível de pessoas, darem-lhes informações necessárias para o exercício de suas vidas privadas e em sociedade, ajudando-as a exercer uma presença política eficaz e pertinente dentro da democracia.

Mas o que é a "informação"? Estaria ela mais vinculada à *Alétheia* ou à *Doxa*? Indubitavelmente, a informação é a *Doxa* levada às últimas consequências. Não está ela preocupada em expressar a verdade. A informação está sempre enviesada pelos inevitáveis interesses em jogo. A *Doxa* é, portanto, a matéria-prima da informação, é a Opinião executando seu trabalho de persuasão, defendendo os interesses econômicos que financiam os grandes meios de comunicação de massa.

A *Doxa* tem sua versão mais refinada na propaganda, a publicidade. É a forma sutil de persuasão usada nas democracias ocidentais para alimentar o grande capital criando falsas demandas, instituindo a civilização do consumo, assim como possibilitando as manipulações políticas do poder. Nos países totalitários, a propaganda política é implacável e impõe à força bruta a *Doxa* oficial, a ortodoxia do partido. Em ambos os casos, o resultado é o que Debord chama de "desinformação" sistemática, imposta deliberadamente pelo poder.[4]

Platão mostra sua repulsa frente à prevalência da *Doxa* (Opinião) em detrimento de *Aletheia* (verdade) ou *Episteme* (conhecimento) num trecho famoso de sua *República*, quando a chama de "Grande Animal".

Diz ele:

> *Que cada um desses particulares mercenários, a quem essa gente chama de sofistas e considera como rivais, nada mais ensina senão as doutrinas da maioria, que eles propõem quando se reúnem em assembleia e chamam a isso ciência. É como se uma pessoa, que tenha de criar um animal grande e forte, aprendesse a conhecer suas fúrias e desejos, por onde deve aproximar-se dele e por onde tocá-lo, e quando é mais intratável ou*

---

4  Debord, G., *op. cit.* (pp. 201-207).

150  ALÉTHEIA, DOXA E EPISTEME

> *mais meigo, e por quê, e cada um dos sons que costuma emitir a propósito de cada coisa, e com que vozes dos outros se amansa ou irrita, e, depois de ter adquirido todos esses conhecimentos com a convivência e com o tempo, lhes chamasse ciência e os compendiasse, para fazer deles objeto de ensino, quando na verdade nada sabe do que, dessas doutrinas e desejos, é belo ou feio, bom ou mau, justo ou injusto, e emprega todos esses termos de acordo com as opiniões do Grande Animal, chamando bom àquilo que ele aprecia, mau o que ele detesta, mas sem ter nenhuma outra razão para tanto, antes designando por justo e belo o inevitável, porquanto nunca viu qual é a diferença essencial entre a natureza da necessidade e a do bem, nem é capaz de a apontar a outrem.*[5]

Como se vê, é um texto extremamente atual, na medida em que nossas sociedades pós-modernas levam a *Doxa* a extremos nunca dantes imaginados – a toda poderosa "opinião pública". Os políticos tentam formá-la, manipulá-la, usá-la ou a ela se submetem, processos que nada tem a ver com a preocupação com *Alétheia* (verdade) ou com a *Episteme* (conhecimento).[6]

Muito antes de Debord descrever a sociedade do espetáculo, a assustadora presença da *Doxa* na sociedade fora detectada por Karl Kraus, escritor satírico austríaco que Freud muito admirava, citando suas *boutades* e trocadilhos em seus trabalhos. Durante quase trinta anos, Kraus manteve seu pequeno jornal *Die Fackel* (A Tocha), no qual procurou mostrar as distorções da linguagem

---

5  Calasso, R. (1997). *Os 49 degraus* (p. 65). Companhia das Letras.
6  Mais recentemente, o uso das redes sociais para a difusão de desinformação (*fake news*) leva esse processo a um paroxismo nunca antes visto.

e da lógica perpetradas pela imprensa austríaca em nome dos interesses do poder.

Dele disse Benjamim: "Sem se deixar reconhecer, como Harum-Al-Rashid, ele vigia de noite as construções linguísticas dos jornais e, por trás da rígida fachada das frases feitas, espia seus interiores, descobre nas orgias da 'magia negra' o estupro, o martírio das palavras".[7]

Como diz Calasso em seus instigantes ensaios, Kraus apontou uma das poucas formas, senão a única, de combater a *Doxa* imperante, evidenciando sua fraudulenta essência, fazendo com que surja o conhecimento e a verdade: a análise sistemática da linguagem.[8] Uma outra forma de combater a *Doxa* é o pensamento psicanalítico. Ele trouxe importantes e novas contribuições para a compreensão das vinculações complexas entre palavra e a verdade.

A psicanálise descobriu que a verdade do desejo do sujeito encontra-se escondida e só é encontrada após um longo trabalho de busca e desvelamento, tal como a antiga *Alétheia*. O próprio sujeito a desconhece, cercado que está de "opiniões", da *Doxa* do Outro (alienação no Outro). Dessa forma, a procura da verdade feita pela psicanálise tem um trajeto muito próprio, numa inédita combinação de *Alétheia* e *Doxa*, produzindo a verdade única do inconsciente.

Diz Garcia-Roza:

> *Freud recupera, assim, a via da opinião (doxa) que havia sido rejeitado pelo discurso conceitual, e o faz não no sentido de mostrar que verdade e erro não são excludentes, posto que é precisamente na dimensão do*

---

7 Calasso, R., *op. cit.* (p. 69).
8 Calasso, R., *op. cit.* (p. 66).

# 152   ALÉTHEIA, DOXA E EPISTEME

> *erro e do equívoco que a verdade faz sua emergência.*
> *Enquanto produtor de um discurso teórico conceitual,*
> *ele se insere na tradição platônico-aristotélica, mas*
> *enquanto produtor de uma prática clínica que lida so-*
> *bretudo com a ambiguidade da palavra, ele se inscreve*
> *numa tradição sofística. O psicanalista é esse* dikranoi
> *que se situa no cruzamento dos dois eixos – da verti-*
> *calidade e da horizontalidade – com o olhar e a escuta*
> *voltados simultaneamente para as alturas platônicas e*
> *para a horizontalidade dos acontecimentos, à espreita*
> *das irrupções do inconsciente. O que Freud faz é re-*
> *cuperar o valor da palavra ambígua, da palavra sem*
> *sentido, ao mesmo tempo que revela, oculta a verdade,*
> *e faz isso sem sacrificar o rigor conceitual de sua cons-*
> *trução teórica. Mistura de aedo e sofista, ele redimen-*
> *siona o estatuto da palavra e da verdade.*[9]

Assim, do ponto de vista individual, o sujeito vive uma *Doxa*, uma Opinião de si mesmo, que é o desejo do Outro no qual está alienado. Sua verdade, sua *Alétheia*, seu *Episteme*, lhe são desconhecidos. Trabalhando o discurso, o analista desmonta a *Doxa* e deixa entrever a verdade de seu desejo. Ao fazer isso, possibilita que, a nível social, o sujeito também desmonte os discursos do poder – *Doxas* – e procure atrás deles a *Alétheia*, o *Episteme* da efetiva realidade.

---

9  Garcia-Rosa, L. A., *op. cit.* (p. 117).

# Visita às casas de Freud: uma ficção freudiana[1]

O analista jamais duvidou que um dia iria a Viena. Para ele, como para todos os analistas, Viena é uma espécie de pátria espiritual, moldura necessária da descoberta do Inconsciente, o berço da psicanálise. Viena está irremediavelmente ligada ao nome de Freud.

Pois finalmente o dia chegara e o analista ia com sua mulher para Viena. Um pouco antes de viajar, lera alguns capítulos do livro de Schorske,[2] principalmente aqueles sobre os projetos urbanísticos que trouxeram grandes mudanças à cidade em meados do século XIX. O mais impressionante deles fora a transformação do milenar fosso que isolava dos demais bairros a cidade velha – onde estava o núcleo do poder e a residência imperial – num complexo de grandes avenidas e edifícios monumentais (a universidade, o

---

1 Em 1978, Octave Mannoni escreveu sete interessantes narrativas às quais chamou de "Ficções freudianas". Mannoni, O. (1993). *Ficções freudianas*. Livraria Taurus.

2 Schorske, C. E. (1988). *Viena fin-de-siècle: política e cultura*. Companhia das Letras/Unicamp.

154 VISITA ÀS CASAS DE FREUD

Parlamento, os museus de História da Arte e Natural, as igrejas etc.), o chamado *Ring*.

Anos antes, o analista vislumbrara Viena no filme de Carol Reed, *O terceiro homem*. Ali estava ela em escombros, humilhada sob a poeira dos bombardeios e o tacão das potências aliadas, pagando o crime de sua cumplicidade com Hitler. Mesmo assim, encantadora. O analista imagina como a encontrará.

Cinquenta anos depois do filme de Reed, o analista e sua mulher encontram uma esplendorosa Viena que exibia um esteticismo tão arrebatado em sua organização espacial que a fazia parecer mais um produto de cenógrafos do que de arquitetos e urbanistas. Viena parecia um magnífico palco de grandiosas óperas. Andando por suas ruas e avenidas, o analista se imaginava andando num cenário teatral.

Essa sensação se manteve enquanto andavam de *fiaker* pelo Ring, enquanto perambulavam pela Graben e pela Kärntner Strasse, enquanto visitavam os museus, o Burg, as igrejas, os parques, o Palácio Schönbrunn, os monumentos *art-nouveau* e os da Secessão – os pavilhões de Karlplatz, os portais do Stadtpark, o mural Beethoven de Klimt, os tradicionais cafés Central, Landtmann e Hawelka, os restaurantes. Viram muitos lugares impressionantes.

No dia antes de deixarem Viena, foram ver o Museu Freud. Somente então o analista se deu conta que deixara para a última hora aquela visita.

Para continuar usufruindo a beleza da cidade, resolveram ir a pé, apesar de estar o Museu Freud não tão perto do hotel situado atrás da Peterskirche. Atravessaram a grande avenida do Schottenring, pegaram depois a Währinger Strasse, de onde sai a longa ladeira da Berggasse, à procura do número 19, a casa de Freud.

O modesto prédio de Freud, com sua fachada um tanto pretensiosa, fez o analista lembrar dos comentários de Schorske sobre a preocupação da burguesia vienense do século passado com a aparência de seus edifícios.

Como o prédio está ocupado normalmente, o visitante deve tocar a campainha do apartamento de Freud para ser autorizado a subir ao primeiro andar. Antes de entrarem, o analista pediu que sua mulher tirasse algumas fotos na frente do prédio. Traspassada a grande porta, viram-se num discreto vestíbulo de onde saía a escada, que tentava ter uma certa imponência.

O analista não ignorava que a maior parte dos pertences de Freud fora levada para Londres, cidade que o acolheu quando precisou deixar uma Viena cúmplice dos nazistas. Tal retirada só fora possível graças às gestões da princesa Bonaparte junto à embaixada americana, que pressionara os alemães. Freud conseguira sair com mulher e filhos. O mesmo não acontecera com suas irmãs, mortas em campos de concentração.

Ao entrarem no apartamento, dirigiram-se a uma sala onde estavam os funcionários, que lhes deram um livreto de orientação para a visita. Como não havia uma versão em português, escolheram um em espanhol.

Ali no apartamento estava apenas a sala de espera intacta, com os móveis estofados, as gravuras, a mesa. Parecia uma sala de visita pequeno-burguesa, extremamente convencional. Na mesinha de centro havia um grande álbum de vistas, postais de cidades. Numa das paredes, uma janela dava para um pequeno pátio.

O analista se emocionou ao pensar que um dia naquele mesmo lugar, olhando daquela janela para o pátio, aguardando sua hora, estiveram o Homem dos Ratos, o Homem dos Lobos, Dora, os míticos pacientes de Freud. Lembrou ainda: naquela salinha

156 VISITA ÀS CASAS DE FREUD

aconteciam inicialmente as famosas "reuniões de quarta-feira", embrião de uma poderosa associação psicanalítica.

Na sala vizinha, onde fora o consultório, painéis fotográficos mostravam o lugar das estantes, das estatuetas, das antiguidades, do divã, da escrivaninha.

Naquele momento da visita, a sala estava ocupada por uma turma de colegiais, que ouviam desinteressados sua professora falar sobre Freud e a psicanálise. O analista tentou – sem sucesso – esperar que eles saíssem para poder meditar um pouco ali naquela sala onde tanta coisa fora descoberta por Freud.

Viu que o mesmo devia estar pensando um homem de sua idade que tentava ler seu livreto em inglês. A solenidade e a compostura de que ambos – ele e aquele homem, que talvez fosse também analista – se imbuíam não condiziam com a leve balbúrdia proporcionada pela professora e seus alunos.

O analista e sua mulher desistiram de esperar pelo final da aula e foram explorar as outras dependências do museu. Passaram por uma sala onde eram vendidos livros, postais, souvenirs. Havia duas salas com exposições, uma delas com objetos de Freud, outra com quadros ligados a sua obra. Uma terceira com uma exposição de jovens artistas de Viena que prestavam uma homenagem à descoberta do Inconsciente.

Meio constrangido, pois temia estar transformando Freud num item de consumo, o analista comprou alguns postais, chaveirinhos, canetas, *posters*. Parou um pouco no vestíbulo, observando a porta de entrada do apartamento, com a placa *Prof. Dr. Freud*. Naquele momento estavam chegando, meio esbaforidos com o esforço de subir a escada, um casal francês de meia-idade e um gordo de aparência mexicana, vestindo um caro casaco de pelo de camelo. O analista imaginou que, como ele, também deviam estar cumprindo a mesma visita ritual à Meca psicanalítica.

Voltaram para o interior do museu e viram, noutro aposento, vídeo de filmes documentários com Freud. Até então o analista nunca tinha visto Freud fora de suas conhecidas fotografias, onde a imobilidade própria das fotos lhe dava o aspecto hierático, grandioso, condizente com sua estatura de gênio da humanidade. Achou estranho vê-lo em movimento. Isso parecia devolver-lhe a humanidade, revelando sua fragilidade, sua vulnerabilidade. Ali estava um velhinho andando para cá e para lá com amigos e familiares. Mais estranho ainda pareceu ao analista o som tremido e fraco da cansada voz de Freud.

Durante todo esse percurso, o analista tentava se assenhorear de seus sentimentos e sensações, percebendo as oscilações que neles ocorriam.

Antes de mais nada, sentia-se muito contente, realizando um sonho longamente acalentado. Estava desbravando um território conquistado. Sentia-se orgulhoso de estar ali. Depois, a visita à casa de Freud era uma modestíssima homenagem que prestava ao mestre, uma demonstração de respeito e admiração.

Após visitar tantos prédios e palácios esplendorosos de Viena, o analista percebeu-se comovido com a simplicidade do apartamento de Freud. O mesmo sentira ao passar em frente ao prédio de apartamentos onde morara Beethoven. Naquela ocasião, tinha acabado de assistir a um recital no suntuoso Palácio Lobkowitz, na Sala Eroica, assim chamada por ter sido ali onde Beethoven tocara pela primeira vez sua sinfonia. A comparação entre o fausto do palácio e a humildade da residência de Beethoven pareceu-lhe gritante e injusta.

O analista notou que tais pensamentos não justificavam o crescente desconforto no qual se sentia mergulhar. Tentou compreender melhor o que sentia, fazendo uma rápida autoanálise. Começou por lembrar: todo analista tem um certo grau de identificação com Freud; todo analista conhece a fundo os textos freudianos, suas biografias, o que – além do exercício da profissão – lhes proporciona uma imaginária intimidade e familiaridade com Freud. Cada um, a seu modo, sente-se um pouco como Freud, sente que é Freud. E era justamente esse sentimento de proximidade e intimidade com Freud que, com certa perplexidade e pesar, sentia estar perdendo naquele momento. Era essa a fonte de seu desconforto.

Constatava que o estar no ambiente físico onde Freud vivera, o estar junto de seus objetos, dentro de sua casa, não faziam crescer a intimidade e proximidade sentidas até então. Pelo contrário, mais do que nunca se sentia afastado e distante dele. Sentia-se frustrado com essa descoberta, mas julgava que a entendia.

Ver o apartamento de Freud, espaço por ele ocupado por mais de quarenta anos naquela rua de Viena, fazia Freud aparecer em sua inteireza singular de sujeito, o que – de alguma forma – desfazia a identificação imaginária que o analista mantivera com ele, pois ele próprio – o analista – se sentia devolvido a si mesmo, à sua própria inteireza, à sua própria identidade.

Pensou que se, por uma mágica qualquer, Freud aparecesse naquele momento ali no apartamento, vê-lo-ia como a um estranho, um desconhecido, alguém distante de sua vida, de seu círculo de amigos e familiares, de seus feitos.

Com certo pesar e susto, constatava o que sempre soubera – que ele e Freud eram pessoas distintas uma da outra. Por mais que pudesse imaginar a vida de Freud em Viena, como tinha feito em suas andanças pela cidade, pensando nas dificuldades enfrentadas por um judeu no império austro-húngaro dos Habsburgo, esmagado pelo esplendor barroco católico do poder aristocrático, por mais que pudesse compreender e ter empatia, aquela era a vida de Freud, não a sua.

O analista pensou mais um pouco: é possível alimentar uma intimidade imaginária com os ídolos até o momento em que se chega muito próximo deles, pois aí se evidencia a diferença, o estranhamento, quebra-se o espelho narcísico. Isso é comum com os grandes ídolos de massa (política, cinema, música *pop*), com quem os admiradores se fundem inconsciente e narcisicamente. Também para eles é intolerável a constatação da diferença, do distanciamento, da realidade imaginária daquela identificação, acontecimento cujo vórtice é o momento de encontro face a face com o objeto de tal idealização. Essa quebra, esse desfazer da identificação narcísica é sempre traumático, violento, desencadeador da agressividade a mais destrutiva. O assassinato de John Lennon por seu grande fã ilustra perfeitamente tudo isso, configurando-se ali o encontro letal com o *Doppelgänger*, o insuportável momento de ruptura e perda narcísica.

O analista lembra os escritos de Lacan sobre a *fase do espelho* e sua posterior elaboração, em termos da alienação constitutiva do sujeito no desejo do Outro e o dela sair, com o resgate do próprio desejo.

Ao se retirar da casa de Freud e subir a longa ladeira da Berggasse até a Währinger Strasse, o analista lembrou de um paciente que costumava se queixar do local de seu novo consultório, descrito derrisoriamente por ele como uma *pirambeira*, por situar-se no final de uma ladeira. Um tanto constrangido, o analista constatou que talvez essa lembrança indicasse uma identificação com aquele paciente. Talvez estivesse fazendo o mesmo com o consultório de Freud, depreciando-o por estar mal localizado, numa *pirambeira*. Por outro lado, essa identificação o colocava como paciente de Freud, realizando assim um desejo, um sonho de todo analista – o ter sido paciente do Mestre.

160    VISITA ÀS CASAS DE FREUD

Na Währinger Strasse, o analista e sua mulher entraram num antiquário, mas logo saíram. Estavam cansados e com fome, o que os fez estugar o passo, procurando o McDonald's da Universitäts-strasse, em frente à universidade, para onde se encaminharam depois do lanche, no desejo de localizar o busto de Freud no grande pátio do prédio principal.

O analista pensava que, levando em conta a dimensão do reconhecimento atingido pelo gênio de Freud, não deixava de ser tocante que ele, num determinado momento, almejara ter seu busto ali, junto com os luminares de sua universidade, e considerasse isso uma grande honra. Ao encontrar a herma, muito simples se comparada com os grandes bustos e monumentais baixos e altos relevos que louvavam o saber de tantos outros mestres da academia, o analista foi tomado por um sentimento de justiça poética. Pensou que Freud, de todos aqueles professores e cientistas, era o mais famoso, o mais genial, o mais universalmente aclamado, provavelmente o único que justificaria uma visita como aquela que ele e a mulher estavam fazendo naquele momento.

A figura de Freud não estava apenas ali no busto do pátio da universidade, mas marcava a História do pensamento do século XX. O onipresente olhar de Freud abarcava toda a humanidade. Afinal, como descobrira já no aeroporto de Viena ao trocar os dólares pela moeda local, Freud o olhava também a partir da cédula de cinco xelins, onde sua efígie era a evidência mais cabal do reconhecimento oficial da Áustria. Freud era um herói nacional.

Essas considerações do analista foram suspensas até serem retomadas na escala seguinte de sua viagem, quando visitaram a casa londrina de Freud, em Hampstead.

Foram de metrô, parando na estação Finchley Road. Atravessaram uma larga avenida, subiram uma ladeira e se viram na Maresfield Gardens, uma via arborizada, cheia de casarões de tijolinhos vermelhos e acabamentos brancos. Logo cruzaram com duas mulheres que falavam francês e que portavam sacolas com o logotipo do Freud Museum. Viram que estavam chegando.

Abriram o portão do jardim e atravessaram a curta alameda que levava até a porta principal. Encontraram-se num vestíbulo onde havia uma mesinha com cadeira. À esquerda, abria-se uma pequena porta. Em frente, um grande arco dava passagem para o corpo da casa. Não havia ninguém ali para os receber, o funcionário devia ter ido a algum lugar. A mulher dirigiu-se para os fundos, onde se ouviam pessoas falando. O analista entrou no primeiro aposento à direita e, surpreso, viu-se no consultório de Freud. Além dele, estava ali um casal, que, numa nova surpresa, falava em português. Eram uma psicanalista de Porto Alegre e seu marido, que lhe traduzia em voz alta o folheto do museu. Embora avisos na parede expressamente o proibissem, ela tirava fotos do local.

Ali estavam o divã, os tapetes, as antiguidades, os livros, a escrivaninha, a poltrona, tudo como esperava, como já tinha visto tantas vezes em fotos.

Sem entender, o analista registrou um mal-estar, estava tenso e angustiado. Sentia vontade de sair imediatamente dali. Talvez quisesse manter irrealizado seu desejo tantas vezes acalentado de ver o consultório de Freud, mantê-lo como um projeto futuro e distante feito por um jovem que diz para si mesmo: *um dia vou visitar a casa de Freud* e não tem nenhuma pressa quanto a isso, pois vê a vida como uma longa e infindável estrada que mal começou a trilhar.

Estar efetivamente visitando a casa de Freud provocava no analista um paradoxal sentimento depressivo. Parecia-lhe não uma aquisição, e sim uma perda. Despertava-lhe uma inesperada consciência de sua idade madura, de já não ter um futuro imenso e despreocupado com que contar, de ter que viver sofregamente o

162 VISITA ÀS CASAS DE FREUD

agora. Dava-lhe uma dolorosa percepção do tempo, com sua finitude e fugacidade.

Perdido em tais pensamentos, o analista se assustou quando ouviu um funcionário do *staff* repreendendo a psicanalista gaúcha, que continuava a tirar fotos proibidas. Teve um pouco de vergonha por ela e logo ficou embaraçado, pois não tinha comprado ainda os ingressos.

Confuso e tumultuado, surpreso com tais sentimentos que o assaltaram, o analista sentiu-se só e desamparado e foi atrás da mulher, que estava ainda nos fundos da mansão, num lugar onde havia uma pequena livraria e uma lojinha, onde ela escolhia camisetas, moletons, lembranças do museu. Confortado com sua presença, voltou com ela até o pequeno vestíbulo do museu, onde compraram os ingressos do funcionário que agora estava a postos na mesinha. Os dois ingressaram no consultório de Freud, onde o analista, já mais calmo, pôde apreciar o que ali estava exposto.

Dali se encaminharam para o segundo andar, onde Anna Freud tinha seus aposentos, com seu tear, sua cama, seu guarda-roupa, sua escrivaninha. Ali encontraram dois outros psicanalistas brasileiros. Eram de Belo Horizonte e muito jovens.

Apesar de mais calmo, de novo o analista se viu assaltado pelo estranhamento, o mesmo distanciamento sentido em Viena.

As relíquias de Freud, seu consultório tão cuidadosamente preservado com suas ricas peças, tudo com tanto valor afetivo e histórico, tudo aquilo agora parecia-lhe esvaziado de sentido, objetos mortos, mórbidos. Vislumbrava a grande distância entre o homem e a obra, percebia que a essência de Freud não estava ali naqueles objetos, por mais valiosos que fossem, e sim em seus livros, suas obras, seu espírito.

Tudo o que havia sentido em Viena, na Berggasse, o analista sentia mais intensa e claramente agora, ali no meio dos objetos, móveis e pertences de Freud. Era fácil imaginá-lo andando por aqueles espaços, subindo a escada, sentado ali, pegando um de seus livros, alisando uma estatueta. Imaginar isso, visualizar a pessoa histórica de Freud, mais uma vez forçava uma ruptura entre Freud e ele. Mais uma vez pensou que se, por um milagre, Freud aparecesse ali naquele momento o consideraria um estranho.

Tal como uma criança segura a barra da saia da mãe, considera-se parte dela até penosamente concluir ser isso apenas uma ilusão, o analista de alguma forma se segurara na barra das calças de Freud, compartilhando imaginariamente sua estatura gigantesca, sua monumentalidade de gênio. Novamente se defrontava com o que nunca deixara de saber, que Freud não era ele, ele não era Freud.

Essa separação fazia o analista se sentir esmagado frente à grandeza de Freud, gênio benfeitor da humanidade. Ele se sentia pequeno e insignificante, apenas mais um daquela anônima humanidade, um brasileiro, um terceiro-mundista vindo de um país tropical. Foi invadido por um poderoso sentimento de inveja e ódio contra Freud ao pensar que jamais atingiria sua estatura.

Talvez por tudo isso, o analista sentiu uma grande antipatia, uma visceral hostilidade frente aos brasileiros ali presentes, os psicanalistas do Rio Grande do Sul e de Minas. Não quis confraternizar com eles, nada de conversas e trocas de informações de viagem. Se acabara de desfazer sua ligação fusional com Freud e tentava recentrar se em sua própria identidade, estava longe de se sentir inclinado a se identificar com aquelas pessoas que estavam ali falando em tom excessivamente alto esta última e bruta flor do Lácio, ignorada por todos, esta língua semibárbara, eterna prima pobre do francês e do italiano; com pessoas que insistiam em tirar fotos

164 VISITA ÀS CASAS DE FREUD

apesar da proibição expressa; pessoas com o desenho e a cor do seu país; pessoas que, como ele, estavam ali sorvendo o ar milenar da Europa, tentando parecer familiarizados com o clima, com a fina garoa, usar com desenvoltura o *trench-coat*, falar inglês com um sotaque continental, fosse ele qual fosse, já que, para os ingleses mais cabotinos, o *continente*, aquela parte da Europa não contida pela ilha, era o berço de uma gente mal-educada, ignorantes que nunca foram a Cambridge e Oxford, únicos lugares onde se aprende a ser um verdadeiro *gentleman*. Que diriam eles se soubessem que dentro de seu belo casaco comprado na Burberry's estava um reles habitante da remota América Latina?

Já se preparavam para sair, quando aconteceu algo inesperado, algo que o analista jamais teria podido imaginar. Ele sentiu uma incontrolável necessidade de aliviar os intestinos. Era um inadiável *apelo da natureza*, como falavam os antigos. O analista lembrou do caso relatado por Freud, um adolescente que entrou em surto aos berros de "Natureza! Natureza!". Estaria se identificando com esse paciente de Freud? Mas não havia tempo para divagações, estava vivendo uma situação de urgência. Sentindo-se muito constrangido, pensando que nem teria coragem de contar aos amigos tal vexame, informou-se de onde havia um banheiro. Foi-lhe indicado um pequeno lavabo logo na entrada da casa. Era aquela pequena porta à esquerda, que tinha visto ao entrar no vestíbulo.

Ao saírem do museu, a mulher do analista disse-lhe ter ficado incomodada, pois o vestíbulo onde ela o esperara e onde também estava o funcionário em sua pequena mesa fora invadido pelos desagradáveis e inconfundíveis odores vindos do WC.

Perto da estação de metrô, viram uma moderna loja de decoração, onde entraram. Enquanto a mulher olhava os objetos da loja, o analista tentava entender aquela súbita necessidade de ir ao banheiro. Ao saírem dali, resolveram voltar de ônibus, ao invés do metrô. Não tinham pressa e poderiam apreciar mais a paisagem vista do segundo andar do *Routemaster*. Ao subirem ali, encontraram vários adolescentes paquistaneses voltando das aulas, falando em altos brados sua língua nativa. O analista lembrou de sua vergonha do português e os invejou por não se envergonharem da deles.

No meio da algazarra dos adolescentes, o analista continuou a pensar nos motivos do desconforto de sua mulher. O andamento de seu raciocínio foi interrompido várias vezes por ela, pelos adolescentes paquistaneses e por ele mesmo, que se deixava distrair pela paisagem vista o ônibus, pelo que via pela janela – o tráfego intenso, o movimento das pessoas nas ruas, o Regent's Park, a Marylebone Road, o Museu de Mme. Tussaud.

Entre paradas e avanços, distrações e retomadas, retas e curvas, o analista pensou no aprendizado do controle esfincteriano – um dos importantes momentos de ruptura da fusão narcísica com a mãe. De repente, a criança descobre que a mãe não compartilha os seus desejos e pode ter desejos próprios, opostos àqueles seus. A mãe passa a ensinar à criança como e onde evacuar e urinar. Começa a impor limites, a contrariar a onipotência infantil, a quebrar o espelho narcísico da comunhão absoluta de todos os desejos. A criança reage a tudo isso, fazendo um grande manejo. Quando quer agradar a mãe, faz o cocô no lugar e na hora certa, dá de presente tal obra, sua mais importante obra, na verdade a única que é capaz de realizar. Quando está com raiva da mãe, espalha merda por todo canto, suja tudo, desobedece, se enfurece e assim lhe faz um grande ataque agressivo. Em ambas as situações, está implícita uma relação muito íntima, básica, fundamental, cheia de ódio e amor, a qual está em vias de se desfazer para dar vez a um outro nível de integração.

Ali em Hampstead, pensou o analista, quis restabelecer o vínculo imaginário com Freud, numa tentativa de antemão fracassada.

166 VISITA ÀS CASAS DE FREUD

Como acabara de lembrar, a relação da criança com seus dejetos é muito peculiar, cheia de significados. Ela não os dá de presente para qualquer um, em qualquer lugar. Pensou que aí talvez estivesse a origem do fato de algumas pessoas serem incapazes de evacuar a não ser em suas residências. É comum pessoas sofrerem de prisão de ventre ao viajarem. Alegam questões de higiene, limpeza, horários, sabe-se lá mais o que, mas no fundo, é como se esta relação de intimidade pressuposta para a evacuação remetesse àquela faceta de presentear a mãe com algo valioso, esta obra única que a criança produz.

Assim, ao usar o banheiro da casa de Freud, fazia uma demonstração de intimidade e proximidade amorosas. Ali estavam, não mais separados no tempo e espaço, o gênio universal de um lado e noutro o desconhecido admirador. Agora se refazia o congraçamento de uma intimidade básica, de uma inabalável unidade, de uma mônada.

Mas era também uma manifestação de ódio por constatar que estava quebrada aquela relação narcísica. Era um ataque diante do reconhecimento das diferenças entre ele e Freud, por não mais poder manter a fantasia de uma identidade fundida e única, por ter de aguentar a inveja e a humilhação frente a sua estatura magnífica. Assim, ele fazia cocô no lugar e na hora errados, gerando embaraços e constrangimentos. Partia ressentido, explodindo bombas fétidas na casa de Freud, deixando Londres em escombros, como a Viena do filme de Reed. Não fora à toa que lembrara o assassinato de John Lennon, isso seria uma outra evidência de quão radical e violenta seria essa despedida, como despertara ódios assassinos.

O analista concluiu então: sua vontade de aliviar os intestinos era uma tentativa regressiva de negar a ruptura da identificação com Freud e restaurá-la, ao mesmo tempo que fazia um ataque invejoso e agressivo por constatar o irreversível dessa ruptura.

Mas, pensou, se a ruptura implicava em perda e luto, também indica crescimento, autonomia, assunção do seu próprio desejo, assim como a dor da solidão existencial.

O analista chegou ao hotel neste ponto de suas cogitações. Sentiuse contente com elas, pareciam-lhe fazer sentido. Sabia que aquelas interpretações provavelmente não esgotavam todos os significados envolvidos no acontecimento, mas era o bastante para aquele momento. Davam-lhe a sensação de uma maior compreensão de si mesmo, de novamente tomar nas mãos as rédeas de seus pensamentos e poder transitar livremente dentro dos labirintos e meandros de sua mente.

Viu mais: suas cogitações em torno de suas visitas às casas de Freud chegaram a um terceiro e último estágio. Da idealização inicial, que induzira uma identificação narcísica imaginária com Freud, passara por uma dolorosa ruptura dessa identificação, a qual levara a um comportamento regressivo, de uma evacuação cheia de significados agressivos.

Agora se via noutro patamar. Ao utilizar os instrumentos analíticos para entender tudo isso, retomava noutros termos uma ligação com Freud e com a psicanálise, não mais alienado no Grande Outro Freud, não mais o atacando e destruindo para poder sobreviver e organizar sua própria identidade, mas integrando e assimilando as coisas boas que ele podia lhe oferecer, organizando-as de uma forma única e singular em sua própria psique, capaz de pensar de forma autônoma.

Com alívio e tranquilidade, o analista deu por encerrado esse episódio. Sabia que aquele sentimento de paz era passageiro. Afinal sua mente continuaria a produzir novos conteúdos geradores de ocasionais inquietações e angústias, perplexidades que o levariam a analisá-los, num nem sempre penoso trabalho de Sísifo.

168 VISITA ÀS CASAS DE FREUD

Enquanto se vestiam para o jantar, o analista e sua mulher anteviam o prazer de reencontrar amigos ingleses no Virginia Woolf, o restaurante do Russell Hotel, em Bloomsbury, o mais belo hotel vitoriano de Londres.

Matariam a saudade da doce música da língua materna. Falariam em português, pois os amigos tinham morado muitos anos no Brasil. Discutiriam mais uma vez as semelhanças e diferenças entre Laurence Sterne e Machado de Assis, de quem eram grandes admiradores, o que deixava o analista muito orgulhoso.

# O dom de falar línguas: sobre a glossolalia[1]

*Mother, you are the one mouth*

*I would be a tongue to.*

*Who*, Sylvia Plath

Há um certo tempo, um analisando me contou que um irmão seu, após um surto psicótico, passou a frequentar uma seita religiosa onde adquiriu grande prestígio por *falar línguas*, o que era considerado ali um sinal do mais alto privilégio divino, dom concedido a poucos.

A meu pedido, explicou-me o que era esse falar línguas: o irmão entrava numa espécie de transe e, nesse estado, pronunciava uma série infindável de sons desconexos que pareciam palavras desconhecidas de uma língua estrangeira. Voltando a seu estado habitual, ao ser interrogado sobre o que lhe tinha ocorrido, o irmão dizia ter sido possuído pelo Espírito Santo.

---

1 Publicado na revista *Percurso*, (28), 1º semestre de 2002.

170 O DOM DE FALAR LÍNGUAS

Referia-se ao conhecido episódio relatado nos Atos dos Apóstolos, que – por sua beleza – aqui reproduzo:

*E quando se completaram os dias de Pentecostes, esta-
vam todos junto no mesmo lugar; e veio de repente do céu
um estrondo, como de vento que assoprava com ímpeto, e
encheu toda a casa onde estavam assentados. E aparece-
ram-lhes repartidas umas como línguas de fogo, e o fogo
repousou sobre cada um deles. E foram todos cheios do
Espírito Santo, e começaram a falar em várias línguas,
conforme o Espírito Santo lhes concedia que falassem.*

*Estavam então habitando em Jerusalém judeus, homens
religiosos de todas as nações que há debaixo do céu. E
logo que correu esta voz, acudiu muita gente, e ficou pas-
mada, porque cada um ouvia falar os discípulos na sua
própria língua. Estavam, pois, todos espantados e se admiravam, dizendo: Por ventura não se está vendo que todos estes que falam são galileus? E como os ouvimos nós
falar cada um a nossa língua em que nascemos?*

*Partos, medos, elamitas e os que habitam a Mesopotâ-
mia, a Judeia, a Capadócia, o Ponto e a Ásia, a Frigia,
a Pamfília, o Egito, e as partes da Líbia que confina com
Cirene e os vindos de Roma, também judeus, e prosélitos,
cretenses e árabes, os temos ouvido falar em nossas línguas as maravilhas de Deus. Pasmavam, pois todos e se
admiravam dizendo uns para os outros: O que é que isso
pode ser? Outros, porém, escarnecendo, diziam: É porque
estes estão cheios de mosto.*[2]

---

2  *Ato dos Apóstolos*, II, 1-13.

A comunicação sobre o irmão que *falava línguas* se deu num contexto muito específico, no qual o analisando revivia, na transferência, aspectos de sua ligação mais primitiva com a mãe, da qual a imagem do irmão psicótico, que se mantinha concretamente na órbita da mãe, era mais uma representação.

Incidentalmente, tenho sabido, talvez em função da proliferação das seitas fundamentalistas, que tal fenômeno – a glossolalia – não é incomum. Com frequência, fiéis, tomados pelo Espírito Santo, com grande júbilo falam *línguas*.

Esses elementos me fizeram levantar uma hipótese sobre a glossolalia, vinculando-a a uma problemática fundamental na constituição do sujeito humano, ligada ao Outro e à linguagem.

# 1

Na virada do século XIX para o século XX propunha-se, com razoável repercussão, a criação de uma língua universal que supostamente traria grandes benefícios para os povos, facilitando-lhes o entendimento e a compreensão mútua, abrindo caminho para a paz e a concórdia entre os homens. Era mais uma das utopias sociais que se instalavam na ocasião, fortalecida com o trauma da Grande Guerra que esfacelara os sonhos de uma burguesia triunfante.

Nesse contexto, os partidários do Volapük, do Ido e do Esperanto – as três línguas artificialmente criadas e que se propunham a ter tão importante papel na história – disputavam com vigor a primazia e a preferência de todos.

No dia 25 de janeiro de 1925, J. C. Flugel leu, perante a Sociedade Britânica de Psicanálise, um alentado artigo, defendendo a

172   O DOM DE FALAR LÍNGUAS

criação de Zamenhof – o Esperanto – e procurando dar-lhe uma fundamentação psicanalítica.[3]

Toda sua argumentação foi corroída pelo tempo. A linguística moderna seguiu por outras trilhas que tomaram impensável sua proposta. A realidade – sob a forma da globalização e da informática – mostra o inglês como a língua universal que vigora no momento. A psicanálise trabalha com a linguagem sob outro prisma e entenderia tal proposta – a de se criar uma língua universal – como uma fantasia messiânica de salvação da humanidade. O próprio artigo de Flugel pode ser lido como a expressão de uma idealização de Zamenhof, que chega a ser comparado por ele à figura de Cristo.

Isso mostra que, como em tudo, o espírito do tempo (*Zeitgeist*) é uma variável que não pode ser ignorada na produção dos artigos psicanalíticos. No momento em que foi apresentado, não era evidente a dimensão fantasiosa e sintomática do artigo.

O artigo de Flugel mantém o interesse não apenas como uma curiosidade cultural e psicanalítica, mas por oferecer um cuidadoso levantamento da bibliografia sobre a aquisição da linguagem, o mito de Babel e a glossolalia, sendo a fonte das informações que passo a mencionar.

Flugel cita Ernest Jones, que, em seu trabalho *A concepção da Madona através do ouvido*, estabelece a ligação entre a função da fala, o complexo de castração e o erotismo anal: a fala é, para o inconsciente, equivalente simbólico da vida, do poder criativo e de Deus (Logos), sendo a língua um representante do falo. A ausência de fala (mudez) é o equivalente da impotência e da morte. A

---

3   Flugel, J. C. (1925). Some unconscious factors in the international language movement with especial reference to esperanto. *International Journal of Psychoanalysis* (IJP), *IV*, 171-208.

função da fala, como a da respiração, do soprar e da produção vocal de sons em geral, é também identificada com a emissão de flatos, havendo assim uma fusão dos elementos genitais e anais na ideia de uma fertilização gasosa, segundo a qual esta acontece pela passagem de flatos do pai para a mãe. Essa ideia da fertilização gasosa corresponderia a uma formação reativa frente à ideia da castração. Dizendo de outra forma, há uma íntima relação entre a fala e a potência sexual. Assim, o poder linguístico, quer seja na forma da produção ou da recepção de palavras, é inconscientemente equiparada à potência sexual; consequentemente, a inabilidade linguística equivale à impotência ou frigidez. As atividades linguísticas seriam sublimações das atividades sexuais.

A relação entre fala e sexualidade fica evidente no episódio bíblico da Torre de Babel (Gênesis, XI, 1-9) e seus equivalentes em outras culturas.

Lorenz, citado por Flugel, observou como o tema dos titãs – o ataque dos filhos contra o pai, organizado numa guerra duradoura e sangrenta –, presente na mitologia grega, aparece em outras culturas, sob formas diferentes. Uma delas é o tipo de histórias *Joãozinho e o pé de feijão* ou de *Ataque ao céu*, nas quais os homens sobem ao firmamento para lá se instalarem ou atacarem diretamente seus habitantes e o Criador. São claras expressões de rivalidade e ódio frente ao pai, sentimentos próprios do complexo de Édipo. A mais conhecida dessas histórias é a dos titãs Otus e Ephialtes, que subiriam aos céus empilhando o monte Ossa sobre o Olimpo e, acima dele, o monte Pelion.

O mesmo desejo aparece nas diversas versões coletadas pela tradição judaica a respeito do mito da Torre de Babel. Seus construtores, liderados por Nimrod, estão em franca rebelião contra Deus. Alguns desejam subir ao céu e ali declarar guerra diretamente ao Todo-Poderoso, afrontando-o com o estabelecimento de

174   O DOM DE FALAR LÍNGUAS

novos ídolos a serem adorados; outros têm ambições mais modestas, simplesmente querem danificar a abóbada celeste através do arremesso de dardos e flechas. A construção da Torre toma muito tempo e chega a tal altura que um pedreiro levaria um ano para subir da base ao topo. O trabalho prossegue dia e noite, com homens e mulheres obcecados com a tarefa, relegando tudo o mais a um segundo plano. De sua vertiginosa altura, os homens arremessam setas contra o céu e elas voltam manchadas de sangue, o que os faz gritar "matamos todos que estavam no paraíso".

Flugel diz que a significação simbólica da construção da Torre, além da rebelião contra a autoridade paterna, com se mostra tão claramente no exemplo acima, é, ao mesmo tempo, uma representação do processo de ereção, semelhante ao encontrado nos frequentes sonhos de voar e escalar, como no sonho de Jacó, no qual há uma escada que liga a terra ao céu, sendo que, neste caso, se inclui a fantasia de coito, representada pelo movimento corporal nele implicado. O bem-sucedido ataque ao céu representa, assim, o desafio ao pai e a gratificação de desejos sexuais. O fracasso dessa empreitada, por sua vez, como na história de Babel, representa a vingança do pai ameaçado – a castração.

Flugel cita Lorenz, que dá uma versão diferente da destruição da Torre de Babel: ela ocorre não pela confusão de línguas, e sim através de um forte vento, o que evoca as associações flato-respiração-castração-potência sexual estabelecidas por Jones, além de aproximar o mito de Babel ao mito da destruição das muralhas de Jericó que caíram com o sopro das trombetas. Flugel lembra que, na mitologia grega, é Hermes, o deus dos ventos, o responsável pela discórdia e a diversidade de línguas na humanidade; o mesmo ocorre na versão polinésia do mito dos titãs na qual o deus do vento Tawhiri-matea apoia seus pais na luta titânica e desencadeia uma tempestade que dispersa seus irmãos, jogando-os a grande distância um do outro. Nesses exemplos aparecem o dispersar, o dividir, o estabelecer a discórdia e a diversidade de línguas, símbolos de castração operantes no mito de Babel, pois o dispersar um grupo de pessoas pode ser o equivalente simbólico do desmembramento de um corpo, o dispersar de seus membros, o despedaçá-lo, ou seja, são representantes da castração.

Flugel diz que, se a história de Babel tornou-se um conhecido mito da origem da diversidade das línguas decorrente de uma punição divina, o presente pentecostal do dom de falar línguas pode ser considerado como sua providencial antítese.

Como está nos Atos dos Apóstolos, algumas testemunhas que presenciaram o milagre não o consideraram como tal, preferindo acreditar que os apóstolos estavam embriagados ("tinham bebido mosto"). Isso faz com que Flugel tente discriminar *glossolalia* (falar um jargão ininteligível) de *xenoglossia* (falar línguas estrangeiras).

Sabe-se que a glossolalia foi, e continua sendo, uma reconhecida manifestação religiosa. Como tal, foi estudada psicanaliticamente por Pfister, citado por Flugel. Do ponto de vista puramente descritivo, talvez não haja grande diferença entre os dois tipos de fenômenos – a glossolalia é, provavelmente, apenas uma pretensa xenoglossia, pois Pfister afirma que um dos motivos mais frequentes na glossolalia é o desejo de compreender alguma língua estrangeira, da qual muitas das palavras foram tiradas e distorcidas pelo glossolálico.

Isso remete às já mencionadas vinculações simbólicas entre potência sexual e potência linguística. Jones, em seu trabalho sobre o Espírito Santo, mostrou que ele representa a essência criativa do pai, o mesmo poder que se manifestou na concepção da Madona pelo ouvido. De fato, o "poderoso vento forte" que destrói a Torre e as "línguas de fogo" que dão o conhecimento das línguas são manifestações das mesmas forças.

176 O DOM DE FALAR LÍNGUAS

A diferença é que numa versão o poder divino se apresenta de forma *destrutiva*, *punitiva* e *malévola*; noutra, de forma benéfica e criadora. No milagre pentecostal, Deus dota os homens com alguns de seus poderes criativos, presenteando-os com a potência simbolizada pelo dom de falar línguas. Na Torre de Babel, Deus usou seu poder para destruir a potência humana.

Um contraste típico – diz Flugel – entre os enfoques do Antigo e Novo Testamento. Neste último, foi atingido um estágio de evolução moral no qual o conflito entre Pai e Filho alcança, de certa forma, a paz. Numa analogia com a mitologia, a diferença entre o Antigo e o Novo Testamento se equacionaria no fato de que a guerra entre deuses e titãs terminaria não como no primeiro estágio, pela derrota dos filhos e sua brutal submissão, mas por uma reconciliação entre os combatentes. Da mesma forma, Prometeu não seria mais castrado por roubar o fogo do paraíso. Na verdade, nem precisaria roubá-lo, pois o fogo divino lhe seria graciosamente ofertado.

Flugel afirma que, além dos elementos genitais envolvidos nos fenômenos da linguagem, particularmente ligados ao complexo de castração, não se pode negar a existência dos componentes anais subjacentes, enfatizados por Jones. Assim, inconscientemente, a potência genital é, de certa forma, equiparada à potência dos processos anais. A criança se orgulha de suas funções excretórias muito antes de se familiarizar com as funções genitais, e, no curso do desenvolvimento, estas últimas são, por deslocamento, investidas com os afetos pertencentes aos primeiros, ou seja, os anais. O orgulho pela capacidade de gerar uma criança é, de certa forma, derivada do anterior (e, consequentemente, reprimido) orgulho pela produção de fezes, enquanto os deslocamentos linguísticos que temos considerado representam gratificações substitutas de ambos os níveis.

Por isso, Flugel considera que as pulsões anais presentes no impulso de criar podem encontrar expressão na criação de uma língua como um todo, ou na invenção de novas palavras, expressões e formas de falar. Essa criatividade com tonalidades anais joga provavelmente papel importante no aparecimento da glossolalia. A satisfação anal infantil está ligada não apenas com a criação de fezes, mas também com a tendência a brincar com elas ou manipulá-las. É possível que essa manifestação do erotismo anal também encontre expressão nas atividades mencionadas, as quais, até certo ponto, podem ser consideradas como uma espécie de brincadeira com a linguagem. A persistência dessa atitude na eventualidade do complexo de Édipo significa desafio ao pai (o criador da linguagem que proíbe sua alteração por outros) e incesto com a mãe (o tomar liberdades proibidas com a linguagem); no nível anal, significa desafiar as autoridades, realizando atividades proibidas (criação linguística ou manipulações proibidas). Conclui Flugel que a tendência para a criação de uma linguagem artificial nas crianças e adolescentes está, sem dúvidas, ligada ao desafio à autoridade, particularmente no desejo de manter em segredo seus interesses sexuais. Em virtude desse segredo, a linguagem secreta, se ouvida, não é compreendida pelos adultos e autoridades, assim as crianças e adolescentes invertem a posição de inferioridade em que se encontravam na infância, quando não entendiam inteiramente a conversa dos adultos, ou na qual ainda se encontram, como acontece com frequência em famílias nas quais os pais se refugiam numa língua estrangeira para não serem entendidos por seus filhos pequenos.

O mito de Babel foi também analisado por Bion, que considerou – dentro de seus estudos sobre grupos – a empreitada humana da construção da torre como um primeiro exemplo de um "grupo de trabalho". Valorizou a tarefa conjunta, via a língua única como um representante da capacidade de simbolizar e criar vínculos. Entendeu a atitude raivosa, punitiva e destrutiva de Deus, que atacou os vínculos e impediu a comunicação ao disseminar

# 178 O DOM DE FALAR LÍNGUAS

línguas diferentes, como o representante de um superego cruel e destrutivo.[4]

Amati-Mehler tem uma visão diferente. Pensa que a perda da língua única e a instalação das diferentes línguas são representações simbólicas do momento da ruptura da fusão narcísica, movimento necessário para que o sujeito se constitua como tal. Diz ela:

> *Como os maiores mitos do Édipo e do Paraíso Perdido, o mito de Babel tem dois lados. Do lado "progressivo", "evolutivo", o mito postula uma impossibilidade – no caso, significa a exclusão da comunicação universal. Do lado "regressivo", reconstrói na imaginação um estado ideal que teria existido antes e fora perdido – uma unidade mítica original que dá margem para a exigência narcísica de uma comunicação total. Cada um desses mitos, na verdade, afirma a necessidade do exílio e da separação/castração como uma situação sine qua non para o futuro conhecimento. . . . Babel representa o momento no qual se dá o desligamento, a separação daquilo que nos é semelhante. Assim, diz respeito a algo crucial para o desenvolvimento individual, no qual – a partir da situação de fusão original – a separação, individuação e diferenciação são experimentadas mentalmente. (tradução nossa)[5]*

Laffal[6] aborda a questão da linguagem e da glossolalia sob outro enfoque. O autor remete-se ao Freud que considera a linguagem

---

4 Bion, W. (1952). Group dynamics: a review. *International Journal of Psychoanalysis*, *33*, 235-246.

5 Amati.-Mebler, J., Argentieri, S., & Canestti, J. (1993). *The Babel of the unconscious* (pp. 14-18). International Universities Press.

6 Laffal, J. (1965). Language, consciousness and experience. *Psic. Quart.*, *36*, 61-66.

como um mecanismo de descarga energética e que tem a função de trazer para a consciência o inconsciente. Em seus estudos com Breuer sobre a histeria, Freud entendia os sintomas como a presença de um "corpo estranho" ou de "reminiscências" fora do comércio associativo consciente, que necessitavam a ele se integrar através da fala, o que proporcionaria uma catarse e/ou uma elaboração. A fala seria, então, um mecanismo de descarga de afetos retidos e também um substituto da ação direta. Freud retoma tais ideias no *Projeto*, em que aponta como primeiro paradigma da linguagem os gritos de dor e de fome da criança. Simultaneamente, são descargas motoras e também trazem alívio ou ajuda, na pessoa da mãe. Assim, a vocalização, um mecanismo para a descarga de energia associada a várias tensões corporais, torna-se um meio de comunicação social sobre tais estados. Dessa forma, no correr da vida, a linguagem continua a servir com uma função de descarga, ao lado de sua função como instrumento de comunicação e união social. A primeira será recrudescida em detrimento da segunda toda vez que fortes necessidades físicas ou psíquicas se impuserem. A linguagem será, dessa maneira, descarga desses impulsos e não terá preocupação comunicativa com o outro.

Lafal considera que isso é evidente nas psicoses e, especialmente, na glossolalia, "o exemplo mais claro da função de descarga da linguagem". Esse fenômeno aparece no discurso esquizofrênico, mas é mais comum em indivíduos aparentemente normais. Um falante, em êxtase religioso, se encontra tomado pelo Espírito, balbuciando "palavras dadas pelo Senhor" de uma língua estranha que ele mesmo não entende. Podemos presumir que esses balbucios, incompreensíveis para todos, servem como descarga de energia psíquica ligada a desejos e conflitos. Pela verbalização, a glossolalia aproxima da consciência o que o indivíduo não pode colocar em palavras. Desde que a compreensão está impossibilitada, a vergonha, a culpa, o desespero ou a ansiedade que poderiam

180 O DOM DE FALAR LÍNGUAS

acompanhar a compreensão dessa fala ficam evitados, permanecendo a pessoa com a impressão de ter expressado o inefável. A fantasia de estar tomado pelo Espírito a ajuda a negar os conflitos psíquicos e necessidades não satisfeitas comuns a todos os homens.

## 2

Pode-se entender a glossolalia partindo de pressupostos um tanto diversos dos acima citados, embora mantenham com eles alguns pontos de contato. A aquisição da linguagem é um processo cuja transcendência e importância dificilmente se poderiam exagerar. Essa aquisição não é o mero aprendizado de um código de comunicação para usos imediatos e pragmáticos, possibilidade que os homens compartilham com outros animais. Trata-se do ingresso no mundo simbólico, que caracteriza o essencialmente humano, o que funda a cultura, marca o limite com a natureza. A relação do inconsciente com a linguagem é fundamental e sua aquisição é uma problemática pré-edipiana, intimamente ligada com as primeiras relações objetais da criança, veículo imprescindível na e da fusão narcísica com a mãe.

Lembremos dois fatos característicos do nascimento do ser humano que põem em relevo a magnitude desse processo.

O primeiro é que o corte do cordão umbilical que o liga ao corpo da mãe, e que caracteriza seu nascimento físico, não corresponde a seu *nascimento psíquico*, pois por longo tempo a criança não terá uma identidade própria que a caracterize como um sujeito humano, senhor do seu próprio desejo. Em seus primeiros tempos, a criança se encontra fundida com a mãe, sente-se confundida psiquicamente com ela, acredita fazer com a mãe um todo indivisível. É somente no final de um longo processo que vai tolerar se ver

SÉRGIO TELLES 181

separada psiquicamente da mãe, assumindo sua incipiente subjetividade. Para tanto, é fundamental a instauração do complexo de castração, que leva à resolução do complexo de Édipo.

O segundo fato, é que, ao nascer, a criança é mergulhada no universo linguístico dos pais, num encontro definitivo, irreversível. Uma vez dentro da língua materna, a criança dela não mais poderá sair. A mãe fala e, através da linguagem, introduz a criança no mundo simbólico.

Como foi dito acima, durante longo tempo a criança se sente visceralmente ligada à mãe e não se reconhece como um ser independente e diferente dela. A tarefa mais importante com a qual ela se depara é realizar esta separação, perder a fantasia dessa união fusional. Para tanto, as palavras jogam um papel fundamental, pois, na medida em que representam e simbolizam toda a realidade do mundo externo assim como a realidade interna de sentimentos e relações intersubjetivas, a linguagem – como não poderia deixar de ser – representa também aquela que é a relação primordial e constitutiva da criança, aquela que lhe é a mais importante: a relação materna. As palavras vão representar a mãe, vão simbolizá-la e assim permitir sua introjeção, processo necessário para que a criança admita *perdê-la*.

Freud ilustrava esse processo de representação e simbolização da separação da mãe através da observação do jogo de uma criança.[7] A criança brinca com um carretel que está amarrado com um cordão. Ela joga fora de seu berço o carretel e simultaneamente grita um som que os familiares entendem como sendo proveniente da palavra alemã *fort*, que significa *saiu*, *foi-se*, e, com grande satisfação, recolhe o carretel pelo fio gritando *da* (*eis aqui*). Ou seja, a criança representa a separação da mãe e sua volta através

---

7  Freud, S. (1976). *Além do princípio do prazer* (p. 25). Imago.

182   O DOM DE FALAR LÍNGUAS

do carretel e através das palavras *fort* e *da*. O jogo, além do mais, é uma tentativa da criança de controlar ativamente algo que sofre passivamente – as dolorosas separações da mãe. Podemos dizer que, com o desenvolvimento, precisará menos da brincadeira em si e mais da palavra, da linguagem.

A íntima relação da linguagem com a mãe fica especialmente evidente na análise de pacientes bilíngues ou poliglotas. Nessas ocasiões, fica claro o uso resistencial feito pelos pacientes das outras línguas que não a materna, permanecendo esta fortemente reprimida, por condensar em si toda a conflitiva mais primitiva, como mostraram Greenson[8] e Amati-Mehler.[9] Situação semelhante se dá na observação de escritores com específica inibição de produzirem em suas línguas maternas, como foi o caso de Beckett.[10]

Por tudo isso, Pontalis diz:

> *No detalhe, no ínfimo, no passo a passo dos restos, a fala, quando nada a comanda a não ser seu próprio impulso, reconduz ao objeto perdido, para dele se desligar... Separar-se, desunir-se do objeto e de si, desligar--se do semelhante ao idêntico, medir incessantemente a distância entre a coisa possuída e a palavra que a designa, e que, ao designá-la, diz de imediato que ela não está ali.*[11]

---

8   Greenson, R. (1950). The mother tongue and the mother. *International Journal of Psychoanalysis, 31*, 18-23.

9   Amati-Mehler, J., *op. cit.*

10  Casement, P. J. (1982). Samuel Beckett's relationship to his mother-tongue. *International Review of Psycho-Analysis, 9*, 35-44.

11  Pontalis, J.-B. (1991). A melancolia da linguagem. In *Perder de vista – Da fantasia de recuperação do objeto perdido* (p. 143). Jorge Zahar.

É o que Pontalis chama de *melancolia da linguagem*, a linguagem como substituto do objeto amado perdido, a mãe. As palavras tornam presente uma ausência, ou ausente uma presença, são como que *presenças-ausências*, as da mãe fusional para sempre perdida, aquela com quem não era necessário falar, pois dela se fazia parte. Por esse motivo, as palavras, a fala, se vinculam inextricavelmente ao desejo insatisfeito de estar naquela situação fusional anterior, naquele momento mítico em que criança e mãe eram um só, a Coisa[12] maravilhosa e inominável, para sempre desfeita e perdida.

A linguagem não só é *melancólica*, mas também é intrinsecamente *estranha, estrangeira*, pois ela é a marca da distância e da separação entre a criança e a mãe. Vem de fora, do Outro que é a mãe enquanto sujeito diferente e separado da criança e, ao mesmo tempo, é a *língua da mãe*, é o que há de mais próximo, íntimo e familiar, aquilo que se confunde com a própria criança. Acredito que aí esteja uma outra raiz da sensação do *Unheimlichkeit*, do *estranho familiar* descrito por Freud.[13] Sendo assim, as palavras, o discurso, constituirão sempre uma língua estrangeira imposta à criança, imposição dura e, no entanto, indispensável ao estabelecimento das bases de seu psiquismo, a seu advento como sujeito humano. A estranheza da linguagem, da qual nem sempre nos damos conta, se evidencia, por exemplo, na brincadeira infantil que consiste na repetição de uma palavra à exaustão, o que faz com que ela perca todo e qualquer revestimento simbólico, restando apenas o vazio: o real de puros sons sem sentido.

---

12 Verbete "Coisa" em Kaufmann, P. (org.). (1996). *Dicionário enciclopédico de psicanálise – O legado de Freud e Lacan* (p. 84). Jorge Zahar.

13 Freud, S. (1976). O "Estranho". In *Uma neurose infantil e outros trabalhos* (Edição Standard Brasileira das Obras Psicológicas Completas, Vol. XVII, p. 273). Imago.

184   O DOM DE FALAR LÍNGUAS

A criança *infans*, que não fala ainda, ouve, absorve, apreende, aprende a fala dos adultos, estes sons absolutamente desconhecidos, misteriosos, surpreendentes, enigmáticos, fascinantes.

Retomando agora o caso do irmão de meu analisando e dos fiéis fundamentalistas, podemos imaginar que eles, ao *falarem línguas*, estão, um em nível psicótico ou outros em nível neurótico (histérico), regredidos e identificados com a mãe, com os adultos, com os portadores da língua, com os *falantes*. Revivem, assim, aqueles momentos fundamentais e constitutivos do psiquismo, em que ouviam a língua estrangeira, uma algaravia que não compreendem, carregada de sentidos e desejos dos adultos.

Diz Laplanche:

> *Esse mundo adulto não é um mundo objetivo, que a criança teria que descobrir e aprender, como aprende a caminhar e a manipular coisas. Caracteriza-se pelas mensagens (linguísticas ou simplesmente semiológicas: pré ou para linguísticas) que questionam a criança antes que ela as compreenda, e às quais deve dar sentido e resposta (o que vem a dar no mesmo)* . . . *Pelo termo sedução originária qualificamos, portanto, esta situação fundamental na qual o adulto propõe à criança significantes não verbais tanto quanto verbais, e até comportamentais, impregnados de significações sexuais inconscientes.*[14]

Tal formulação de Laplanche se aproxima da formulação de Lacan a respeito do discurso do Outro, discurso que expressa o

---

14 Laplanche, J. (1988). Da teoria da sedução restrita à teoria da sedução generalizada. In *Teoria da sedução generalizada e outros ensaios* (pp. 118-119). Artes Médicas.

desejo deste Outro, discurso que vai constituir o sujeito para sempre alienado de si mesmo:

> *O significante produzindo-se no campo do Outro faz surgir o sujeito de sua significação. Mas ele só funciona como significante reduzindo o sujeito em instância a não ser mais do que um significante, petrificando-o pelo mesmo movimento com que o chama a funcionar, a falar, como sujeito.*[15]

Essas mensagens e palavras primeiras, misteriosas, estranhas, fascinantes, portadoras dos desejos inconscientes dos pais, os *significantes-enigmáticos* ou *metáboles*, estarão para todo o sempre gravadas no Inconsciente, sendo – na verdade – seu núcleo central.

Dado a importância desses conceitos, citamos um tanto extensamente Laplanche:

> *Rapidamente constatamos que se trata de um mundo de significado e comunicação, transbordando por todos os lados as capacidades de apreensão e de controle da criança. De todos os lados afluem mensagens propostas. Por mensagens não entendo necessária nem principalmente as mensagens verbais. Todo gesto, toda mímica tem função de significante. Esses significantes originários, traumáticos; chamemo-los significantes--enigmáticos, precisando o que entendemos por isso. Esses significantes não são enigmáticos somente pelo simples fato de que a criança não possui o código e que*

---

15 Lacan, J. (1979). O campo do outro e o retorno sobre a transferência. In *O seminário, livro 11: os quatro conceitos fundamentais da psicanálise* (p. 197). Zahar.

# 186 O DOM DE FALAR LÍNGUAS

*teria de adquiri-lo. Sabemos bem que acriança começa*
*a habitar a linguagem verbal sem que lhe seja forneci-*
*do previamente um código, assim como podemos ad-*
*quirir uma língua estrangeira pela prática diária. Não*
*se trata disso. Trata-se do fato de que o mundo adulto*
*é inteiramente infiltrado de significados inconscientes*
*e sexuais, dos quais o próprio adulto não possui o có-*
*digo. E por outro lado se trata do fato de que a crian-*
*ça não possui as respostas fisiológicas ou emocionais*
*correspondentes às mensagens sexualizadas que lhe*
*são propostas; em resumo, que seus meios de constituir*
*um código substitutivo ou provisório são fundamen-*
*talmente inadequados. . . . O trabalho de domínio e*
*de simbolização deste significante-enigmático termina*
*necessariamente em restos, fueros inconscientes, que*
*chamamos objetos-fontes da pulsão.*[16]

Não é indiferente que, nos dois exemplos citados – o irmão do
analisando e os fiéis –, isso aconteça num ambiente sagrado, religioso, onde está em jogo a presença de um deus, que tudo sabe e
de quem se recebem todos os dons. A recriação de pais poderosos
e protetores, em quem se pode confiar e de quem se pode esperar
amparo e proteção, é a base de toda religião. Assim, o milagre relatado nos Atos dos Apóstolos poderia ser considerado como uma
ilustração mítica do processo de aquisição da linguagem.

Essa característica encantatória da fala, da linguagem, que nós
analistas teorizamos, os poetas têm dela conhecimento intuitivo.
Essa linguagem, que não tem apenas seu aspecto operacional de
comunicação e troca de informações, mas que está para sempre
ligada à perda dos objetos amados, que *representa* esses objetos,

---

16 Laplanche, J., *op. cit.* (pp. 78, 120).

que está ligada à introjeção do discurso alienante do Outro e aos *significantes-enigmáticos*, essa língua materna, essa língua primitiva eivada de desejos e organizadora das fantasias, é essa a língua que interessa ao psicanalista e ao poeta.

É partindo dessa premissa que Mannoni explica a estranheza provocada pela poesia de Mallarmé:

> *Pois com suas poesias (Mallarmé) reconduziu-nos à idade em que era preciso* adivinhar *o sentido do que ouvíamos. Foi Baudelaire quem disse que o* gênio é a infância reencontrada à vontade. *Em matéria de linguagem, com Mallarmé, isso é feito mas por meio de um artifício. Ele faz-nos viver um aspecto da linguagem que, para nós, biograficamente é um aspecto arcaico. Ele tem provavelmente a chance de não o saber. Realiza-o sem teorizá-lo. Não é o único, sem dúvida, há outros poetas que o fazem, por certo, mas não de uma forma tão sistemática. . . .* Mallarmé renova para nós uma experiência infantil... Brincamos de nos perder em nossa língua materna, pelo prazer do jogo de nela nos reencontrarmos. *(grifos do autor)*[17]

Assim, aquele texto sonoro, rico de rimas, de assonâncias, de palavras que se agrupam num conjunto formalmente perfeito, mas cujo conteúdo parece escapar, parece não existir, que não se consegue captar inteiramente, que meio se adivinha, que se mantém num luscofusco que conduz a um encantamento, um maravilhamento, tudo isso que acontece na leitura de Mallarmé, remeteria o

---

17 Mannoni, O. (1992). Um Mallarmé para os analistas. In *Um espanto tão intenso – A vergonha, o riso, a morte* (pp. 66, 71). Campus.

188 O DOM DE FALAR LÍNGUAS

leitor à evocação de vivências arcaicas infantis ligadas aos primeiros contatos com a *desconhecida* língua materna.

Se isso é particularmente evidente em Mallarmé, na verdade é uma capacidade comum a todos os poetas, que recriam no leitor, sem sabê-lo, este prazer antigo que todos teríamos sentido um dia, ao termos nossos contatos iniciais com a língua.

Poderíamos dizer que Mallarmé (e, por extensão, todos os grandes poetas) – tal como o irmão do paciente e como os fiéis – todos eles *falam línguas*. Mas não podemos deixar de lado uma diferença essencial. É verdade que há uma matriz comum, mas algo de radical separa tais situações, pois em Mallarmé (e em outros poetas) temos o fino e complexo manejo da linguagem com fins literários, enquanto nos outros casos o que aparece são sintomas regressivos, formas de identificação arcaica em estado bruto, não reelaboradas esteticamente, que é o que distingue a arte do mero sintoma.

Essa distinção pode ser ilustrada com um episódio da história da literatura. Quando Joyce estava escrevendo *Finnegans Wake*, sua filha Lucia entrou em surto psicótico e passou a escrever na forma típica de seu distúrbio mental, produzindo uma escrita desagregada, fragmentada, sem sentido, cheio de neologismos e barbarismos. Joyce, assustado com o estado da filha, recusa-se a reconhecê-la como doente e passa a achar que a filha estava fazendo importantes criações linguísticas estéticas, semelhantes às que ele mesmo estava inventando em Finnegans Wake. Joyce recorreu a Jung, que delimitou a diferença entre a produção estética de um e a escrita sintomática da outra.

Ellmann conta-nos o episódio:

> *Joyce nutria a secreta esperança de que, quando ele saísse da escura noite do* Finnegans Wake, *sua filha*

*escaparia de sua própria treva. . . . O pai dela teve várias discussões com Jung. Quando o psicólogo indicou elementos esquizofrênicos em poemas que Lucia escrevera, Joyce, lembrando os comentários de Jung sobre o Ulisses, insistiu em que eram antecipações de uma nova literatura, e disse que sua filha era uma inovadora ainda não compreendida. Jung garantiu que algumas de suas palavras* porte-manteaux *e neologismos eram notáveis, mas disse que eram acasos; ela e seu pai, comentaria ele mais tarde, eram como duas pessoas descendo ao fundo de um rio, uma caindo, outra mergulhando.*[18]

Mais do que oportuna, a menção a Joyce e *Finnegans Wake* é imprescindível quando o assunto é linguagem e literatura. Embora produzindo numa linha diferente daquela de Mallarmé, Joyce igualmente tem na linguagem o centro de suas preocupações. *Finnegans Wake*, que dele exigiu tantos anos de esforço, é um marco importante por inaugurar uma abordagem nova na literatura.

Dizem os irmãos Campos:

*O* Finnegans Wake, *mais ainda que o* Ulisses, *assinala o dissídio com a era da representação (do romance como raconto ou fabulação) e instaura, no domínio da prosa, onde se movia o realismo oitocentista com seus sucedâneos e avatares, a era da textualidade, a literatura do significante ou do signo em sua materialidade mesma (se o realismo subsiste, este será agora de natureza estritamente semiótica).*[19]

---

18 Ellmann, R. (1989). *James Joyce* (p. 837). Globo.
19 Campos, A., & Campos, H. (1986). *Panorama do Finnegans Wake* (3a ed.). Perspectiva.

Ai, longe dos realismos e dos enredos, o grande personagem é a própria linguagem. Joyce recria a linguagem como magma primitivo de onde brotam todos os enredos e a própria realidade, imaginando-a num tempo primevo quando os usos e os costumes ainda não a tinham conformado e cristalizado. Ali, o significante recupera sua feição proteica.

Dessa forma, poderíamos pensar que também *Finnegans Wake* remete, por outras vias, a esses tempos primevos dos primeiros encontros da criança *infans* com a língua materna. Vê-se ainda que estamos muito próximos dos neologismos e da glossolalia enquanto sintomas psicóticos, característicos principalmente da esquizofrenia. Daí a compreensível e já mencionada confusão que o próprio Joyce estabeleceu com sua filha.

Se Mannoni, como vimos, entende a forma pela qual Mallarmé trata a linguagem como o recriar da relação primordial da criança *infans* com a mãe, num momento de apreensão e identificação, de introjeção da linguagem, não deixa de ser interessante comparar essa abordagem com a de Kucera, que vê como uma forma de ataque sádico os "maus-tratos" que Mallarmé inflige à língua-mãe.

Diz Kucera:

*Em tal sentido, (Mallarmé) torturou estranhamente a língua francesa. Separou o atributivo do substantivo, colocou o adjetivo e seus complementos antes do nome modificado, isolou os adjetivos demonstrativos, deu por entendidos os auxiliares dos verbos, suprimiu as conjunções explicativas, fez desaparecer pouco a pouco os signos de pontuação que considerou como acessórios inúteis. Empregou o mesmo termo ao mesmo tempo segundo o sentido próprio e o sentido figurado, elevou às preposições seu lugar tradicional, inverteu os termos do desenvolvimento lógico; misturou incidentes na frase principal sem advertir ao leitor com a presença de parêntesis... (Fabureau). A crueldade e a falta de cuidados com que Mallarmé trata a língua francesa prova duas coisas: por um lado a quantidade de forças destrutivas em jogo e por outro essa tendência fundamental para o isolamento que se expressa em termos notavelmente concretos.*[20]

É ainda Mannoni quem cita uma passagem da vida de De Quincey, quando este sentia inexplicável prazer ao assistir uma missa rezada em espanhol. Ouvir aqueles sons totalmente estranhos lhe era muito prazeroso: "Penso que essas visitas o faziam voltar aos primeiros meses de sua existência, quando sua língua materna ainda lhe era estranha".[21]

Essa experiência de De Quincey dificilmente ocorreria hoje em dia, quando os meios de comunicação, a globalização, o turismo, os negócios, os vastos movimentos migratórios em torno da Terra pelos mais variados motivos aproximam universos linguísticos, fazendo com que todos tenham desde a mais tenra infância a experiência de ouvir outras línguas que não a materna, banalizando-se, diluindo-se e camuflando-se assim a fascinação com a língua estrangeira enquanto eco de uma vivência arcaica. Possivelmente isso só e raramente ocorreria hoje em lugares mais remotos, distantes, com populações muito isoladas, sem contato com o mundo externo.

Creio ter presenciado algo assim quando criança, fato que gravei na memória por seu inusitado e até mesmo constrangimento, embora só pudesse entendê-lo anos depois.

---

20 Kucera, O. (1949-1950). Stephane Mallarmé. *Revista de Psicoanalisis, 7*, 249-294.
21 Mannoni, O., *op. cit.* (p. 66).

No final dos anos 1950, fui para uma cidade no interior do Ceará onde um tio era prefeito. Naquelas brenhas pobres, de população quase totalmente analfabeta, sem eletricidade, isolada dos centros maiores, muito poucos tinham aparelhos radiofônicos que captassem a capital ou alguma outra cidade maior distante. Durante minha estadia ali meus tios receberam amigos franceses que não falavam português.

Calhou de chegarem à casa do meu tio alguns correligionários que moravam em sítios e povoados distantes da cidade, uma gente completamente iletrada, isolada. Além do português mais ou menos regular dos mais abastados da região, aqueles homens deviam conhecer apenas seus patuás e, provavelmente, o remoto latim das missas, que talvez nem considerassem como uma língua propriamente dita, e sim como uma fórmula mágica de comunicação com o divino, algo incompreensível e inacessível.

Lembro muito bem da surpresa imensa e o júbilo daquela gente frente aos franceses. Eles ficaram num misto de encantamento e zombaria, não conseguiam se afastar deles e não paravam de rir, imitando-lhes o modo de falar. Eles quase não podiam acreditar no que ouviam. Parecia-lhes inusitado, estranho, como que aquelas pessoas falavam daquele jeito!?!

Hoje entendo que estariam revivendo o encanto dos primeiros contatos com a língua materna ainda *estrangeira*, não identificados ainda com a mãe e/ou adultos – o que seria o caso do irmão do analisando, dos fiéis, de Mallarmé e dos poetas – mas revivendo diretamente a posição da criança que ouve a voz estranha.

Há algum tempo, vimos nos jornais a notícia de que Fidel Castro, na cerimônia de posse de uma de suas "reeleições", bateu seu próprio recorde, falando ininterruptamente durante horas. Esse fato levanta algumas questões. Para quem falava Castro? Qual seria seu interlocutor imaginário? Acreditaria ele que sua plateia estaria interessada e atenta durante tanto tempo? Importaria o conteúdo de sua fala? Ou o que estava em jogo, o que interessava efetivamente, era o ato de falar enquanto símbolo e manifestação direta de poder, de dominação e sujeição do outro?

Escolheria esta última hipótese como a mais provável e, sendo assim, a postura autoritária de Castro – impensável em qualquer situação democrática, onde nenhum líder ousaria impor-se a uma plateia por tanto tempo – seria uma ilustração da truculência estrutural do discurso do Outro (mãe, adultos) sobre a criança. Discurso que se impõe à criança e a submete, alienando-a de seu próprio desejo e, paradoxalmente, constituindo-a como sujeito desejante.

Sob esse prisma, o discurso de Castro seria mais uma manifestação do *falar línguas*, este estar identificado com o adulto que impõe o discurso à criança *infans*.

Para encerrar, cito duas poesias que bem ilustram o que vimos acima, como a palavra transcende sua condição de mero signo comunicativo para, enquanto significante e manifestação do simbólico, expressar nossa mais pura essência: ela remete sempre ao objeto perdido, daí a *melancolia da linguagem*, no dizer de Pontalis. É nesse sentido que a palavra é a morte da coisa.

É interessante notar que nessas poesias as palavras não são forçadas a assumir seu aspecto proteico e multiforme, de significante aberto a infinitas significações, nem buscam o enigmático e o misterioso em cujas ambiguidades se abrigam todas as possibilidades, características de Joyce e Mallarmé. Aqui elas recuperam sua feição mais convencional, se esforçam para significar algo específico e conseguem fazê-lo com grande propriedade.

Uma das poesias é de Octavio Paz. Chama-se "Conversar":[22]

*Leio num poema:*

*conversar é divino.*

*Porém deuses não falam:*

*Fazem, desfazem mundos,*

*enquanto os homens falam.*

*Os deuses, sem palavras,*

*jogam jogos terríveis.*

*O espírito desce*

*e desata as línguas,*

*porém não fala palavras:*

*fala lume. A linguagem*

*pelo deus inflamada*

*é uma profecia*

*de chamas, um desabar*

*de sílabas queimadas:*

*cinzas sem sentido.*

*A palavra do homem*

*é filha da morte.*

*Falamos porque somos*

---

22 Massi, A. (1998, 3 de maio). A travessia poética de Paz. *Folha de S.Paulo*, caderno Mais!, 5.

*mortais: palavras não*

*são signos, são séculos.*

*Ao dizer o que dizem*

*os nomes que dizemos*

*dizem tempo: nos dizem,*

*somos nomes do tempo.*

*Conversar é humano.*

Os deuses não padecem, como nós, humanos, das vicissitudes de tempo e espaço, instauradores da perda e da separação. Na medida em que eles são onipotentes e onipresentes, não estão longe de nada, não perdem nada, podem ser e ter qualquer coisa.

Somos como deuses quando estamos em nossa relação simbiótica e indiscriminada com a mãe. Vivemos em regime de onipotência e onipresença. Não estamos separados da mãe, não a perdemos. Consequentemente, não precisamos falar com ela. *Somos* a mãe.

Nossa condição de adultos é o contrário daquela onipotência. Nossa vida é um rio que nos leva para longe sem cessar, nos afastando permanentemente de coisas, lugares, pessoas, de nossos entes queridos, de nós mesmos. Precisamos então das palavras para representar o ido e o perdido. As palavras são nossa única possibilidade de retê-los, de guardá-los.

A palavra é filha da morte, sim, sendo a morte nossa maior provação, a consciência da morte é a maior prova de nossa humanidade. As palavras são indicadores de nossa submissão ao tempo, mas são, também e paradoxalmente, nossa única e potente forma de vencê-lo. Como dizia Shakespeare, é a única forma de afastar o tigre do tempo cuja garra ameaça a face da amada, que ficará para todo o sempre jovem no soneto imortal.

## 196   O DOM DE FALAR LÍNGUAS

Não é difícil encontrar remanescentes dessa situação quando agíamos como deuses, quando não precisávamos da palavra por estarmos fundidos com a mãe. Vemos isso no consultório e na vida cotidiana. Nosso narcisismo nos faz lamentar *ter que* falar, gostaríamos que nossos pensamentos e desejos fossem adivinhados e realizados, sem que tivéssemos de lutar para falá-los e realizá-los.

A outra poesia é de Dante Milano e se chama "Vocabulário":[23]

*Áridas palavras,*

*Refratárias, secas*

*Arestas de fragas*

 *Secretando uma água*

*Morosa, suada,*

*Que não mata a sede.*

*São pedras na boca.*

*Rolam balbuciantes*

*Buscando um sentido.*

*Uma quer ser beijo.*

*Outra quer ser lágrima.*

*Não basta dizê-las.*

*Elas querem ser*

*Mais do que palavras.*

---

23 Milano, D. (1988). *Poesia e prosa* (p. 32). Civilização Brasileira.

*Como captarei*

*A idéia sem fim*

*(Não sei de onde vem)*

*Que tenta exprimir-se...*

*Áridas palavras*

*Para as bocas ávidas,*

*E quando elas brotam*

*Não são mais que as notas*

*De uma extinta música...*

Vemos aí, com grande beleza e clareza, a percepção do poeta, que entende a *melancolia da linguagem* e a expressa diretamente. As palavras *querem ser mais do que palavras*, querem voltar a ser coisas. Rebelam-se por serem apenas referências, signos, símbolos, significantes de uma *extinta música*, aquela que embalava a ligação com o objeto – a mãe – agora definitivamente perdido.

# No enterro de Escobar: a importância da culpa em *Dom Casmurro*, de Machado de Assis

*Dom Casmurro* é justificadamente um dos livros mais elogiados de Machado de Assis, fazendo parte, juntamente com *Memórias póstumas de Brás Cubas* e *Quincas Borba*, de sua trilogia de ouro. Por muito tempo, os estudiosos desse livro se centravam na personagem Capitu, mulher de Bento Santiago, o solitário narrador que relata suas dúvidas quanto à fidelidade de sua amada.

Capitu, a de "olhos de ressaca", aquela que tem "olhos de cigana oblíqua e dissimulada", foi submetida a inúmeros julgamentos nos quais os críticos avaliavam sua culpa ou inocência.

Mais recentemente, o enfoque mudou. Afastou-se da suposta traição de Capitu e incidiu sobre os ciúmes de Bentinho, na medida em que se atentou para o fato de que o que é apresentado é o relato deste último, necessariamente enviesado e muito diferente do que seria o de um narrador onisciente, que nos contaria com imparcialidade a verdade dos acontecimentos.[1] Isso proporcionou

---

1 Santiago, S. (2000). Retórica da verossimilhança. In *Uma literatura nos trópicos*. Rocco.

200 NO ENTERRO DE ESCOBAR

uma reviravolta, retirando Capitu do centro das atenções e ali colocando Bento Santiago, o próprio Dom Casmurro.

Mesmo assim, visar a suposta traição de Capitu ou os ciúmes de Bentinho é praticar uma redução empobrecedora da saborosa e delicada trama construída por Machado de Assis; é ignorar a extraordinária acuidade psicológica e os inúmeros traços de humor advindos da forma irônica com a qual ele nos apresenta sua comédia de costumes do Brasil Imperial.

Seria realizar uma leitura rasteira que menospreza a complexidade da estratégia machadiana. Como diz Faoro:

> *O escritor, para evidenciar seu jogo, coloca-se diante do leitor, em caminhos ora opostos, ora cruzados. O diálogo esconde o narrador armado de florete, não sem entremostrá-lo na manga do casaco. O confronto das duas entidades – escritor e leitor – tem caráter antitético, às vezes alternando-se como duas vozes num coro, desdobrando-se, no momento de clímax, na oposição competitiva, agonal, quando os atores acentuam sua individualidade, rompendo o consenso de vozes. . . . Nesse combate, onde o sério se esconde no jogo, a seriedade na burla, há um impasse. O autor engana o leitor, zombando de sua credulidade. Mas o leitor adverte que está sendo enganado e revida ao autor com a desconfiança. . . . O escritor mostra o enlevo dos amores de Bentinho e Capitu e insinua o adultério. O espectador afoito, com a prova concludente da semelhança do filho ao comborço, exulta. Mas, será que ele viu tudo, ou, embaraçado pela antítese do ataque e defesa, não*

criou a sua verdade, que nem sempre é o confronto de duas proposições falsas? *(grifos do autor)*[2]

Entretanto, é compreensível a ênfase na traição de Capitu, pois ela é o ponto de inflexão da trama. Embora *Dom Casmurro* seja uma obra muito conhecida, para que fique clara a argumentação a ser desenvolvida, farei um breve resumo de seu enredo.

A obra tem 148 capítulos. Até o capítulo 50, vemos o velho e solitário Bento Santiago relembrando sua meninice na rua de Matacavalos e a amizade com sua vizinha Capitu; a evolução desse afeto para uma correspondida paixão; o desespero de ambos frente à disposição de Dona Glória, a piedosa viúva mãe de Bentinho, que planeja uma carreira eclesiástica para o filho como pagamento de uma antiga promessa, seu desolado ingresso no seminário.

Entre os capítulo 50 e 97, acompanhamos as escaramuças de Bentinho e Capitu contra os planos matemos, nas quais contam com a ajuda do impagável agregado José Dias, e vemos a entrada em cena de Escobar, um seminarista com quem Bentinho faz grande amizade e que passa a participar dos sobressaltos do casal apaixonado. É ele quem descobre uma saída para o impasse da promessa materna – sugere a Dona Glória mandar para o seminário um outro menino, um órfão qualquer que substitua Bentinho na obrigação da carreira sacerdotal.

O curioso capítulo 97 tem uma conotação metanarrativa. Nele, Bentinho faz considerações sobre a maneira como constrói seu relato. Se até aqui acompanhou de perto uma determinada época de sua vida, agora muda de ritmo, trata o tempo de outra maneira:

---

2  Faoro, R. (2001). *Machado de Assis: a pirâmide e o trapézio* (pp. 438-439). Globo.

202 NO ENTERRO DE ESCOBAR

> *Tinha então pouco mais de dezessete... Aqui devia ser o meio do livro, mas a inexperiência fez-me ir atrás da pena, e chego quase ao fim do papel, com o melhor da narração por dizer. Agora não há mais que levá--la a grandes pernadas, capítulo sobre capítulo, pouca emenda, pouca reflexão, tudo em resumo. Já essa página vale por uns meses, outras valerão por anos e assim chegaremos ao fim.*[3]

Efetivamente, a ação logo se precipita. Escapando do seminário, Bentinho vai para São Paulo, onde se forma em advocacia. Ao voltar, casa-se com Capitu, com pleno assentimento da mãe. Escobar se casa com Sancha, amiga íntima de Capitu. Se, em várias ocasiões, Bentinho se mostrara ciumento e possessivo, nada parecia extraordinário ou despropositado, incompatível com os ardores de uma primeira e grande paixão. No correr da ação, Bentinho dera amplas informações sobre a inteligência e habilidade de Capitu, sua capacidade de lutar por seus interesses, sua força, sua determinação, características bem diferentes de suas próprias, tão timorato e inseguro.

O casal inicialmente não tem rebentos, ao contrário de Escobar e Sancha, que geraram uma filha, Capituzinha. Dois anos depois, nasce Ezequiel, assim batizado em homenagem a Escobar, retribuição à gentileza que o casal amigo fizera, dando à filha o nome de Capitu. Ezequiel é menino vivo e inteligente, capaz de imitar a todos, provocando o riso e a admiração dos circunstantes. Escobar sonha um futuro casamento de Capituzinha e Ezequiel, ideia que agrada aos dois casais.

---

3  Assis, M. (1971). *Dom Casmurro* (p. 297). Abril Cultural.

Tudo parece ir muito bem até o capítulo 118, intitulado "A mão de Sancha". Numa reunião na casa de Escobar, os quatro amigos planejam uma viagem para a Europa. Por um momento, estando sós, Bentinho surpreende um olhar intenso de Sancha, o que dá vez a um diálogo cheio de insinuações e uma troca ardorosa de apertos de mãos.

*Sancha ergueu a cabeça e olhou para mim com tanto prazer que eu, graças às relações dela com Capitu, não me daria beijá-la na testa. Entretanto, os olhos de Sancha não convidavam a expansões fraternais, pareciam quentes e intimativos, diziam outra coisa, e não tardou que se afastassem da janela, onde eu fiquei olhando para o mar, pensativo. A noite era clara.*

*Dali mesmo busquei os olhos de Sancha, ao pé do piano; encontrei-os em caminho. Pararam os quatro e ficaram diante uns dos outros, uns esperando que os outros passassem, mas nenhuns passavam. Tal se dá na rua entre dois teimosos. A cautela desligou-nos; eu tomei a voltar-me para fora. E assim posto entrei a cavar na memória se alguma vez olhara para ela com a mesma expressão, e fiquei incerto. ... Quando saímos, tornei a falar com os olhos à dona da casa. A mão dela apertou muito a minha, e demorou-se mais que de costume.*[4]

Bentinho, fortemente atraído por Sancha, lembra que o agregado José Dias dizia – com sua mania de usar superlativos, "uma forma de dar monumentalidade às idéias" – que Sancha era uma senhora "deliciosíssima".

---

4  Assis, M., *op. cit.* (pp. 320-321).

## 204 NO ENTERRO DE ESCOBAR

Tão chocado fica Bentinho com tais acontecimentos que o curtíssimo capítulo seguinte, o 119, diz apenas o seguinte:

*A leitora, que é minha amiga e abriu esse livro com o fim de descansar da cavatina de ontem para a valsa de hoje, quer fechá-lo às pressas, ao ver que beiramos o abismo. Não faça isso, querida; eu mudo de rumo.*[5]

No rápido capítulo 120, vemos Bentinho esfriando os ardores despertados por Sancha com o estudo de autos legais e, no capítulo seguinte, o 121, somos surpreendidos com a inesperada morte de Escobar, tragado pela ressaca do mar do Flamengo. Em seu enterro, descrito no capítulo 123, ao ver Capitu chorando o amigo morto, o que seria uma atitude esperada e natural, Bentinho toma isso como prova da traição de ambos.

Até esse momento, em nenhuma ocasião tal suspeita lhe passara explicitamente pela cabeça. Incomodava-o as imitações de Ezequiel, que o fazia parecer com Escobar, mas não dava muita importância ao fato, pois sabia da existência de estranhas e aleatórias semelhanças, haja vista – segundo o próprio viúvo – a extraordinária parecença de Capitu com a falecida mãe de Sancha.

Como mencionei acima, o livro tem 148 capítulos e já estamos no 121. Dessa forma, em rápida e sumária sucessão, vamos ver Bentinho rejeitar cada vez mais o filho Ezequiel, por nele vislumbrar traços de Escobar. Manda o filho estudar na Europa e se separa de Capitu. Para manter as aparências, faz a mulher acompanhar o filho no Velho Continente, onde ela morre ainda jovem. Anos depois Ezequiel vem visitar o pai, que lhe financia uma viagem de estudos arqueológicos na Palestina, onde, vitimado por febres,

---

5 Assis, M., *op. cit.* (p. 322).

também vem a falecer. Sozinho, Dom Casmurro dá por encerrado seu relato e se prepara para escrever outra coisa para preencher o tempo vazio e a solidão de sua vida, a "História dos subúrbios do Rio de Janeiro".

Como disse acima, muito já foi escrito sobre Dom Casmurro. Sob o prisma da psicanálise, temos um trabalho cuidadoso, de Luis Alberto Pinheiro de Freitas.[6] Em linhas gerais, o autor interpreta os ciúmes de Bentinho como projeção em Capitu de seu desejo homossexual frente a Escobar, desde que Bentinho, filho de viúva, não teria tido figuras fortes que possibilitassem a organização de uma identidade sexual masculina. Afinal, tivera como modelo as imagens pouco viris do agregado José Dias e do tio Cosme. Mostra-se ele passivo, submetido ao desejo de mulheres fálicas, como a mãe e Capitu. Bentinho nascera após o falecimento do primeiro filho do casal. Vinha assim colocar-se no lugar do filho morto da mãe, daí a promessa que o assombrou durante a adolescência – ter de seguir a carreira religiosa.[7]

Embora tais elementos sejam relevantes e configurem uma hipótese plausível, penso haver outras possibilidades de compreensão dos ciúmes doentios de Bentinho, que destroem sua vida amorosa e familiar, relegando-o à solitária casmurrice.

É chamativo e sintomático que as eventuais suspeitas e ciúmes esparsos apresentados por Bentinho tomem corpo e se intensifiquem exatamente no enterro de Escobar, *especialmente se não esquecermos o ocorrido na noite anterior à morte do amigo*. Ali Bentinho se sentira fortemente atraído por Sancha e acreditara que ela se dispunha a retribuir seu desejo de uma aproximação sexual.

---

6 Pinheiro de Freitas, L. A. (2001). *Freud e Machado de Assis: uma interseção entre psicanálise e literatura*. Mauad.

7 Vide o capítulo "O nome de Vincent Van Gogh – Algumas especulações sobre o desejo da mãe e o suicídio".

## 206 NO ENTERRO DE ESCOBAR

No dia seguinte, a visão do amigo morto lhe é intolerável, pois ela o remete diretamente à ideia de que desejara traí-lo. A própria morte de Escobar lhe pareceria uma consequência, um efeito da fantasiada traição. Algo pelo qual seria, pois, responsável. Profundamente culpado, Bentinho se sente incapaz de lidar com esse sentimento e imediatamente... o projeta em Escobar e Capitu.

Não são Bentinho e Sancha os culpados, aqueles que traíram a amizade e os respectivos cônjuges em arroubos amorosos, e sim Escobar e Capitu. São eles os traidores, os culpados.

O próprio título do capítulo 121, no qual descreve o enterro de Escobar, ocasião em que se deflagra sua suspeita ciumenta, intitula-se "Olhos de ressaca", que remete ao homônimo capítulo 31, quando assim descreve os olhos da amada:

> *Retórica dos namorados, dá-me uma comparação exata e poética para dizer que foram aqueles olhos de Capitu. Não me acode imagem capaz de dizer, sem quebra da dignidade do estilo, o que eles foram e me fizeram. Olhos de ressaca? Vá, de ressaca. É o que me dá daquela feição nova. Traziam não sei que fluido misterioso e enérgico, uma força que arrastava para dentro, como a vaga que se retira da praia, nos dias de ressaca. Para não ser arrastado, agarrei-me às outras partes vizinhas, às orelhas, aos braços, aos cabelos espalhados pelos ombros; mas tão depressa buscava as pupilas, a onda que saia delas vinha crescendo, cava e escura, ameaçando envolver-me, puxar-me e tragar-me.*[8]

---

8   Assis, M., *op. cit.* (p. 219).

Dessa forma, sub-repticiamente Bentinho atribui a Capitu a responsabilidade da morte de Escobar, tragado pela ressaca do mar do Flamengo.

Para Bentinho é bem mais tolerável sentir ciúmes, ficar na pele do traído e enganado, do que ter de aguentar a culpa de ser o traidor, o "culpado" pela morte do amigo.

Mas colocar-se como vítima da traição, ficar na posição da parte ofendida que – com toda a razão – sofreria de ciúmes, não se mostra um artifício muito eficaz para livrá-lo da culpa. O fantasma de Escobar vem assombrá-lo diariamente na pessoa de Ezequiel.

Dessa forma, tomado pela presença fantasmagórica de Escobar encarnada em Ezequiel, que o persegue acusando e exigindo reparação, Bentinho tenta aplacá-lo, destruindo sua própria felicidade conjugal e recusando-se as alegrias da paternidade. Afasta-se da mulher e do filho impondo-lhes um exilio involuntário, não antes de fazer uma tentativa falha de se suicidar ou de envenenar o filho.

Ao atribuir a Escobar a paternidade de Ezequiel, ao reencontrar Escobar toda vez que vê o filho, Bentinho condensa vários sentimentos contraditórios. Por um lado, se pune com a presença de seu carrasco, que vem lembrar-lhe do crime cometido. Por outro, nega a morte de Escobar, dá-lhe a vida novamente, ressuscitando-o na figura de Ezequiel, a quem – também por culpa – não pode reconhecer como filho.

Como mencionei acima, essa mudança foi anunciada por Bentinho no capítulo 119, quando, assustado com suas próprias fantasias sexuais em torno de Sancha, dirige-se diretamente à "leitora amiga", pedindo-lhe que não abandone o livro por terem beirado o "abismo". Diz: "Não faça isso, querida; eu mudo de rumo".

*De fato, há uma radical mudança de rumo e é justamente esta – em vez de ser o traidor, Bentinho passa a ser o traído. Morto Escobar,*

208   NO ENTERRO DE ESCOBAR

*Bentinho se instala "confortavelmente" na posição de ofendido e não de ofensor.*

Se lembrarmos que Escobar, num determinado momento, propôs sociedade comercial a Dona Glória e que – pelo menos na opinião de prima Justina – pensara em se casar com ela, tais elementos o fazem ocupar um lugar paterno frente a Bentinho. Sua morte, consequentemente, reatualizaria a morte do pai, ocorrida quando tinha 7 anos. Tal acontecimento, que o colocara na posição privilegiada de objeto inconteste do amor materno, poderia ter sido vivenciado como a realização dos desejos parricidas inconscientes. A culpa daí advinda ficaria intensificada com a morte de Escobar, esse outro "pai" que "eliminava", apossando-se de sua cobiçada mulher, Sancha, tal como antes de apossara da mãe.

Apesar de triunfar, mais uma vez, sobre o rival paterno, é abatido pela culpa, que o impede de usufruir a vitória.

A tragédia de Bentinho fica ainda mais lamentável quando lembramos sua denodada luta para realizar sua vida amorosa com Capitu, fugindo da imposição materna que o condenava ao celibato religioso.

O desejo materno, justificado conscientemente pela promessa feita, poderia ser entendido como a intolerância da mãe em se separar desse filho, castrando-o e mantendo-o ao seu lado.

Inconscientemente, Bentinho sente-se culpado em relação ao pai, sobre quem triunfara edipicamente, e em relação à mãe, cujo acalentado desejo narcísico fusional ele frustrara. Por esse motivo, não se sente legitimamente autorizado a ocupar o lugar de marido e pai. Essa ilegitimidade aparece no embuste que fora realizado para que pudesse exercer sua masculinidade e futura paternidade: a negociata na qual um "órfão" qualquer fora colocado no seminário em seu lugar, como sugerira Escobar.

Poucos autores atentaram para a importância de Sancha no desenrolar da tragédia de *Dom Casmurro*. Faoro,[9] cujo cuidadoso estudo lista os personagens mais importantes de Machado, sequer a menciona. O que não ocorre com Teixeira,[10] que, num capítulo adequadamente chamado de "Dois pormenores: antecipações freudianas", fareja a relevância do encontro de Sancha e Bentinho nas vésperas da morte de Escobar, sem, entretanto, articulá-la consequentemente dentro da trama.

---

9  Faoro, R., *op. cit.*
10 Teixeira, I. (1987). *Apresentação de Machado de Assis* (p. 129). Martins Fontes.

# A perplexidade de Alice[1]

*Alice no País das Maravilhas* de Lewis Carroll foi publicado em 1865. O livro teve uma origem despretensiosa, uma história inventada por Carroll para um grupo de crianças enquanto passeavam de barco nos arredores de Oxford. Apoiando-se em tradicionais hábitos ingleses, personagens de histórias e canções infantis e em paródias de poesias então muito populares, Carroll cria um mundo de fantasia, usando uma linguagem singular, repleta de trocadilhos, duplos sentidos e ironias, que ressaltam o *nonsense* escondido nas práticas e costumes sociais, assim como na própria linguagem. As peculiaridades linguísticas de *Alice* são em parte responsáveis pela grande receptividade do livro nos países anglófonos, mas se perdem na tradução, como costuma acontecer com a poesia. Mesmo assim, ajudado pelo fato de ser um produto cultural do auge do imperialismo britânico, o livro se transformou num fenômeno mundial possivelmente por representar conflitos inconscientes comuns a toda a humanidade.

---

1 Publicado na revista *Percurso*, 55, dezembro de 2015.

# 212 A PERPLEXIDADE DE ALICE

Lewis Carroll é o pseudônimo de C. L. Dodgson, um tímido professor de matemática e lógica em Oxford, que escreveu *Alice no País das Maravilhas*, *Alice através do espelho* e *Sylvie e Bruno*, além de poesias, paródias, pastiches e uma copiosa produção jornalística, publicada em diversos periódicos. Seus passatempos prediletos eram a fotografia e a companhia de meninas impúberes, hábito que não levantava suspeitas na sociedade vitoriana. Uma dessas meninas era Alice Liddell, filha do deão da universidade, para quem Dodgson escreveu seu livro mais importante. Sua amizade com a família Liddell foi subitamente interrompida por motivos nunca divulgados e o diário de Dodgson, no qual ele fazia minuciosos registros do seu dia a dia, teve as páginas referentes a essa época arrancadas, não se sabe se por ele mesmo ou por sua família. Aos olhos de hoje, sua preferência pela companhia de meninas seria considerada como manifestação de traços pedófilos, evidência de graves problemas de identidade e dificuldades no estabelecimento de relações amorosas satisfatórias.

Da vasta bibliografia sobre o autor e sua obra me ative a alguns textos psicanalíticos consagrados, a partir dos quais proponho algumas ideias.

Freud estabeleceu duas formas de abordar analiticamente uma obra de arte. Em *Gradiva*, não se preocupa em vincular a biografia do autor à sua obra, entendendo-a como uma valiosa compilação de fantasias que representam e simbolizam conflitos e dinâmicas inconscientes universais expostas de forma tal que o público a compreende e nela se reconhece plenamente. Já em *Uma lembrança de infância de Leonardo da Vinci* e *Dostoievski e o parricídio*, Freud se ocupa em mostrar os elementos biográficos e patológicos que condicionam a obra e nela emergem.

Os trabalhos analíticos sobre *Alice* seguem essas duas vias, ora decifrando a simbologia inconsciente nos personagens e situações criadas pelo autor, ora nelas detectando aspectos de sua biografia.

É de Schilder[2] um dos primeiros textos sobre *Alice*. Escrito em 1937, mostra o clima de permanente ansiedade no qual se desenrolam as peripécias da protagonista, cercada que está por personagens estranhos e animais antropomorfizados que a tratam de forma agressiva ou maldosa. Numa incidência chamativa, há muitas referências ao ato de devorar ou ser devorado, apontando para angústias ligadas ao sadismo oral. A própria Alice está sempre às voltas com comer ou beber algo e essa ingestão tem efeitos dramáticos, fazendo-a aumentar ou diminuir de tamanho, o que lhe provoca grande angústia.

Schilder entende as mudanças de tamanho de Alice como representações simbólicas do intumescimento e flacidez do pênis. Para tanto, baseou-se no trabalho de Otto Fenichel, que dois anos antes, em 1935, havia escrito "The symbolic equation: girl = phallus", no qual estabelece a equação menina-falo a partir da interpretação do papel da baliza, a menina ou mocinha que se exibe à frente de bandas masculinas, em desfiles marciais cívico-militares, executando malabarismos e acrobacias com um bastão.

As distorções de tempo e espaço abundantes no livro são também entendidas por Schilder como manifestações de agressividade. Ao invés de valorizar a original exploração dos recursos da linguagem realizada por Carroll, Schilder a vê como manifestação sintomática próxima à psicose, pois tem como modelo as observações de Freud sobre as distorções da linguagem no Caso Schreber.

Schilder conclui afirmando que Lewis Carroll é um escritor "particularmente destrutivo" e sua literatura poderia ser prejudicial para as crianças, pois oferecia exemplos maléficos de relações

---

2 Schilder, P. (1938). Psychoanalytic remarks on Alice in Wonderland and Lewis Carroll. *The Journal of Nervous and Mental Disease, 87*(2), 159-168, citado por Grotjahn Martin. (1947). About the symbolization of Alice's adventure in Wonderland. *American Imago, 4D*, 32-41.

214 A PERPLEXIDADE DE ALICE

nas quais o amor e a ternura estão ausentes, opinião que escandalizou os muitos admiradores da obra.

O equívoco da posição de Schilder é considerar as produções de Carroll apenas como expressão sintomática e não como sublimações de seus conflitos, que, em vez de induzir as crianças a fugir do princípio da realidade ou inundá-las com situações agressivas e violentas, davam-lhes uma vazão simbólica, da mesma forma que fazem os contos de fada, como nos ensinou Bruno Bettelheim.

Referindo-se à equação proposta por Fenichel, Grotjahn[3] estabelece uma curiosa discriminação entre diferentes formas de simbolizações do falo – o idealizado, que seria representado por uma menina pré-púbere; o falo mais sublimado, na figura de um menino também pré-púbere representado como anjo, e a representação de uma figura masculina dotada de pênis, que simbolizaria demônios e pecadores, os aspectos mais censurados da sexualidade.

Skinner[4] vê *Alice* como expressão de elementos compulsivos e esquizoides de Carroll, responsáveis por seu comportamento paranoide, sua fascinação amorosa por meninas sexualmente indiferenciadas. Interpreta pontualmente uma série de elementos do texto. Se Alice é uma representação simbólica do falo, o fato de suas aventuras se iniciarem com sua penetração na toca do coelho faz com que elas possam ser entendidas como uma viagem ao útero materno. Alice chega a um aposento com muitas portas fechadas e para entrar numa delas tem de diminuir de tamanho "como um telescópio". Com a ajuda de um "líquido mágico" ela fica com apenas "10 polegadas". A condição de Alice enquanto símbolo fálico fica quase explícita na ocasião em que seu pescoço se alonga

---

3 Grotjahn, M. (1947). About the symbolization of Alice's Adventures in Wonderland. *American Imago*, 4, 36.
4 Skinner, J. citado por Grotjahn, *op. cit.* (p. 37).

SÉRGIO TELLES 215

de tal forma que um pássaro pensa ser ela uma serpente que quer comer seus ovos. O lago formado por suas lágrimas, que faz com que dez pequenos animais lutem para não se afogarem, seria o líquido amniótico, onde estariam o autor e seus dez irmãos, dado ser ele o mais velho de uma prole de onze filhos. A hostilidade de Alice frente às figuras maternas aparece em vários episódios, como o crescer demasiado no interior da casa (representação do útero materno) do coelho, colocando em risco sua estrutura, e nos diversos encontros hostis com a Duquesa e a Rainha. Tudo termina violentamente quando ela é levada para ser julgada pelo casal real. A única saída que lhe resta é voltar para a realidade, acordando. O final da história, quando as palavras perdem o sentido e o caos se instala, seria como a eclosão de um momento psicótico.

Greenacre[5] retoma a questão da mudança do tamanho de Alice como símbolo da angústia de Carroll frente às alterações corporais presentes na tumescência ou detumescência do falo ou do abdome da mulher grávida, constado por ele nas muitas gestações de sua mãe. Afirma ela que as fantasias agressivas orais sádicas recorrentes nos dois livros (*Alice no País das Maravilhas* e *Alice através do espelho*) estariam ligadas aos processos de identificação. O interesse de Carroll por meninas impúberes é assim compreendido por ela:

> *É a fixação na forma menos sexual da infância – a menina de oito anos – que serve melhor como uma versão fundida e castrada de ambos os sexos, e a maior defesa contra as ansiedades das mudanças corporais, quer seja o menino fálico ou a mãe fálica (grávida).*

---

5 Greenacre, P. citado por Kohut, H. (1960). Beyond the bounds of the basic rule – Some recent contributions to applied psychoanalysis. *Journal of the American Psychoanalytic Association, 8*, 582.

216   A PERPLEXIDADE DE ALICE

Para essa autora, por ter crescido num ambiente fortemente influenciado pela mãe e irmãs, num "clima de exigência excessiva de controle da inveja hostil", Carroll "tinha em sua natureza muito da mulher vitoriana". Em sua obra, tentava elaborar seus conflitos em torno dos profundos distúrbios de identidade e a insegurança a respeito de seu corpo-*self*, representando-as simbolicamente nas mudanças de tamanho de Alice. As angústias de Carroll não se restringiam à castração e identidade sexual. Estendiam-se ao medo de ser aniquilado, como, disfarçadas através do humor e do *nonsense*, mostram muitas de suas poesias satíricas e paródias, especialmente o *Jabberwocky* e o *Snark* (esta última uma representação da cena primária).

Assim Greenacre explica a fixação pré-genital do complexo de Édipo de Carroll:

> *A idade dos 4 aos 5 anos (a fase fálico-edipiana) é o momento crítico na vida da maioria das crianças, sendo um período de especial interesse genital devido ao influxo das sensações aumentadas desses órgãos. Habitualmente isso é acompanhado pelo aumento de atividade, energia e expansão generalizadas. Se, entretanto, a posse da identidade individual (inclusive a sexual) já está confusa e considerável quantidade de energia está ligada a ressentimentos que não podem ser atuados ou mesmo revelados, a natural e florescente expansividade do período se complica. Especialmente nos meninos ... o aumento das sensações genitais acompanhadas da tumescência e detumescência tornam-se ameaçadoras e atemorizantes mais do que revigorantes. A criança então ... [passa a expressar suas ligações edipianas]*

*mais em termos dos estágios anteriores do desenvolvimento, com desejos orais e medo de retaliação oral.*[6]

A fixação de Carroll nos estados de ereção e flacidez do pênis é detectada por Greenacre também numa imagem que aparece de forma recorrente em vários de seus livros, o que ela entende como sendo a manifestação de uma lembrança encobridora ligada à visão traumática de um homem velho, possivelmente um jardineiro, exibindo-se em estado de ereção. A imagem surge em episódios que descrevem velhos sorridentes e atoleimados – o Pai William em *Alice no País das Maravilhas*; o "homem velho, muito velho", em *Alice através do espelho* e, finalmente, o jardineiro louco e músico em *Sylvie e Bruno*.[7]

Assim, o encolher ou crescer desmesuradamente, que tanto molestam Alice, representariam as angústias de Carroll frente a sua própria sexualidade, as alterações assustadoras do pênis nas fantasias edipianas vividas regressivamente e, de modo mais amplo, as oscilações e instabilidades de sua identidade.

Greenacre[8] mostra que alterações no tamanho do corpo, presentes em *Alice*, também aparecem em *As viagens de Gulliver*, de Swift, e com significado semelhante. As peculiaridades da vida de Swift – o pai faleceu antes de seu nascimento e, em episódio nebuloso, com 1 ano de idade foi sequestrado por sua babá e levado da Irlanda para a Inglaterra – tiveram efeitos definitivos sobre sua identidade, seus traços anais de oposição e negativismo,

---

6 Greenacre, P. citado por Kohut, *op. cit.*
7 Greenacre, P. (1955). "It's my own invention": a special screen memory of Mr. Lewis Carroll, its form and its history. *The Psychoanalytic Quaterly, 24*, 200-244.
8 Greenacre, P. (1955). The mutual adventures of Jonathan Swift and Lemuel Gulliver: a study in pathography. *The Psychoanalytic Quarterly, 24*, 20-62.

218 A PERPLEXIDADE DE ALICE

obstinação, repulsa pelos orifícios corporais e hipocondria. A mudança relativa de tamanho apresentada por Gulliver simboliza as incertezas básicas de Swift sobre sua própria identidade, revelam as oscilações de seu narcisismo.

Comparando os escritos e a biografia de Swift e Carroll, Greenacre postula que o primeiro teria uma configuração neurótica, enquanto a do segundo se revelaria como psicótica.

As interpretações das alterações corporais de Alice e Gulliver, referentes a questões ligadas à identidade e angústia de castração, ajudam na compreensão dos quadros de micropsia e macropsia (também chamados de síndrome de Todd, dismetropsia ou, em inglês, *Alice in Wonderland syndrome* [AIWS]), que alguns autores atribuem a problemas neurológicos e oftálmicos, enquanto outros afirmam ser uma condição de fundo puramente emocional. Nesses quadros, que ocorrem na infância e adolescência, os pacientes apresentam alterações da sensopercepção nas quais o próprio corpo é sentido como minúsculo ou gigantesco.[9]

Gabriele[10] afirma que em *Alice no País das Maravilhas*, além da agressividade oral manifesta em diversas situações e paródias poéticas do livro, nas quais o comer ou ser comido está sempre presente, para Alice as mudanças corporais evidenciam a instabilidade de sua identidade:

> *Para Alice, estar diferente (de maior ou menor estatura) significa ser outra pessoa. . . . O critério para sua decisão de que está diferente é a sensação corporal, o*

---

9 Schneck, J. M. (1969). Micropsia. *Psychosomatics*, *10*, 249.
10 Gabriele, M. (1982). Alice in Wonderland: problem of identity – Agressive content and form control. *American Imago*, *39*, 378-379.

*que indica que seja qual for o "self" que Alice julga possuir, ele é, em grande parte, um "self" corporal.*

Solomon,[11] por sua vez, mostra como as angústias de aniquilamento de Alice ficam explicitadas na cena em que Tweedledee e Tweedledum lhe dizem ser ela apenas uma figura do sonho do Rei Vermelho, que dorme e ronca ali ao lado. Assim, não deve acordá-lo, pois, se isso acontecesse, ela desapareceria imediatamente. Tal afirmação, que lhe nega existência própria e deixa Alice muito angustiada, expressa importante dado clínico, que é o da importância vital do desejo dos pais para que a criança se sinta viva, existente, saia do nada, se constitua como sujeito. Solomon descreve o caso de uma paciente que tem um sonho com conteúdo idêntico e o analisa à luz do episódio de *Alice*.

Para Lacan,[12] o interesse suscitado por *Alice* se deve ao fato de "tocar a rede mais pura de nossa condição de ser: o simbólico, o imaginário e o real".

Lane,[13] por sua vez, mostra como Lacan enfatiza a importância do sentido e falta de sentido ou não-sentido, da lógica e da linguagem na obra de Carroll, fazendo de *Alice* um conjunto de estratégias para superar a perda, a própria perda de Alice por ele sofrida e, mais especialmente, a perda enfrentada por todos ao se defrontarem com a ordem social e terem de se acomodar a ela, pois suas leis e costumes frequentemente oscilam entre o sentido e o absurdo. A vertigem proporcionada pelo livro de Carroll dramatiza

---

11 Solomon, J. C. (1963). Alice and the Red King: the psycho-analytic view of existence. *The International Journal of Psychoanalysis, 44*, 63-73.

12 Lacan, J. (1966, 31 de dezembro). Homenaje a Lewis Carroll. *Las Nubes, 15*. http://www.ub.edu/las_nubes/archivo/15/nubesyclaros/textos/lacan.html

13 Lane, C. (2011). Lewis Carroll and psychoanalysis: why nothing adds up in wonderland. *The International Journal of Psychoanalysis, 92*, 1029-1045.

220 A PERPLEXIDADE DE ALICE

a dificuldade de Alice – e de seu leitor – em adaptar-se ao peculiar mundo da linguagem e dos símbolos. Isso ocorre porque as regras e rituais que governam esse mundo parecem simultaneamente imprevisíveis e arbitrariamente impostas, fazendo com que o mundo adulto pareça, além de autoritário, propositadamente perverso.

Disfarçada na roupagem de *nonsense* e a aparência de uma fábula infantil, há em *Alice* uma crítica política na medida em que a organização social é equiparada a dois jogos, o de baralho, em *Alice no país das maravilhas*, e o jogo de xadrez em *Alice através do espelho*.

Ao usar o jogo como metáfora da organização social, Carroll a descreve como uma estrutura rígida, com lugares e movimentos perfeitamente demarcados, com leis claras e bem definidas que permitem apenas uma restrita mobilidade. Essa configuração é problemática, pois, se as regras possibilitam que os jogos se realizem, em maior ou menor grau eles são regidos pelo azar, pelo acaso, pela habilidade dos jogadores. A presença divina está descartada. Dodgson, pessoalmente tão religioso, disfarçado como Carroll, recria a puritana Inglaterra como uma sociedade sem Deus.

A sociedade assim concebida está aparentemente bem-organizada e funcionando adequadamente, mas a um olhar mais acurado aparecem as distorções que comporta, pois os jogadores, apesar de conhecerem as regras, não as obedecem, agem de forma arbitrária, imprevisível, como mostra o paradigmático jogo de críquete da Rainha. Que o taco seja um flamingo e a bola um porco-espinho revela a intromissão de uma lógica corrompida que solapa inteiramente o cumprimento da regra. O mesmo se dá com o rigor da Rainha, que a qualquer pretexto ordena a decapitação de quem a esteja incomodando; "Sentença antes, julgamento depois", diz ela, fazendo com que a presunção da culpa seja universal, invertendo os procedimentos legais de um julgamento, mas curiosamente antecedendo uma importante afirmação de Freud sobre o sentimento de culpa.

Dessa maneira Carroll mostra o ridículo, a pompa e a loucura do poder, representado pelas mais altas autoridades – o Rei, a Rainha, os mandatários com títulos nobiliárquicos –, que se comportam de forma irracional, pervertem o jogo na medida em que ignoram ou refazem as regras a seu bel-prazer.

Do ponto de vista psicanalítico, as desventuras de Alice são mais assustadoras na medida em que revelam como as figuras parentais, especialmente as maternas, são não confiáveis, são loucas, arbitrárias, assassinas. Elas mostram a vulnerabilidade e desamparo das crianças nas mãos de pais impossibilitados de serem representantes e mantenedores da lei. Os adultos agem como crianças mimadas e inconsequentes, mudam de opinião de forma inopinada e irresponsável, deixando Alice desorientada e alarmada. A decisiva importância do inconsciente dos pais na vida dos filhos se apresenta na já citada cena do sonho do Rei Vermelho, quando Alice teme não ter identidade própria constituída, ser apenas uma criação imaginária da mente da figura paterna, sujeita a desaparecer a qualquer minuto.

Em ambos os livros, mas talvez mais marcadamente em *Alice através do espelho*, a arbitrariedade e a irracionalidade se manifestam não só nas figuras parentais e na organização social, mas na própria linguagem, que se mostra com toda sua ambiguidade geradora de equívocos nas comunicações humanas.

Alice tenta a todo custo manter o sentido unívoco da linguagem e se depara com a impossibilidade de garantir um discurso inequívoco, tendo de lidar com os múltiplos sentidos das palavras, como lhe mostra Humpty Dumpty.

Isso provoca grande insegurança em Alice, abalando seus referenciais, códigos de conduta, normas de comportamento. Ela

222  A PERPLEXIDADE DE ALICE

se esforça para demonstrar que é uma menina bem-educada, que aprendeu as regras de como agir de forma apropriada nas mais diversas situações e constata, perplexa, que tais regras não têm a validade que esperava, não são respeitadas sem questionamento.[14]

Alice descobre que o mundo é regido por outra lei que não aquela oficialmente estabelecida. Essa outra lei consiste em fazer de conta que a lei oficial é respeitada e obedecida, quando de fato ela não o é.

A situação de Alice lembra a do personagem de Marcel Proust em *Sodoma e Gomorra*, quando descobre que o homossexualismo, desprezado e censurado oficialmente no mundo em que vive, é ali largamente praticado. Proust não faz propriamente uma defesa do homossexualismo, ele o usa como um operador para mostrar o secreto funcionamento do mundo, expor a hipocrisia entranhada nas engrenagens da sociedade, que se comporta de forma dissimulada frente à lei, simultaneamente curvando-se a seus ditames e desobedecendo-a de forma sistemática.

No arcabouço da lei convencionalmente aceita, e que deve ser mantida a todo custo, há espaço suficiente para que tudo o que

---

14 O descompasso entre os bons modos de Alice e a desalinhada, se não agressiva resposta por parte de seus interlocutores, que, em parte, pode ser atribuída aos mal-entendidos decorrentes da inconstância da linguagem a revelar a estranheza de situações supostamente familiares, poderia também ser entendido como uma referência às relações do império britânico com os povos colonizados, a imposição de sua lei em confronto com a lei dos povos subjugados. Assim, veríamos, de um lado, a inglesa Alice encontrando os "exóticos" povos de outros mundos – como a lagarta que fuma narguilé, o que a caracteriza como um ser não europeu – que, por não seguirem os códigos "civilizados", são vistos com condescendência e superioridade. Por outro lado, a estrita formalidade da etiqueta ostentada por Alice é apenas a outra face da brutalidade exercida pelo império para manter as colônias sob controle. Vale lembrar que o narguilé remete à imoral Guerra do Ópio travada entre Inglaterra e China, e encerrada em 1860, cinco anos antes do lançamento do livro de Carroll.

ali é afirmado possa ser ignorado e espezinhado. Nesse sentido, o mecanismo da denegação adquire uma insuspeitada importância e amplitude nos mecanismos sociais. As regras existem e mantêm a sociedade, mas cada um tem de aprender por sua conta e risco como e quando obedecê-las, desobedecê-las, quebrá-las, afrontá--las ou fingir que as cumpre.

No mundo externo, a lei é permanentemente transgredida em vários níveis, daí a necessidade do aparato judicial e policial, para impô-la, defendê-la e punir os infratores. Não é diferente o que ocorre no mundo interno. Mesmo quando plenamente estabelecida, a lei nunca domina inteiramente o desejo, que está sempre a desafiá-la procurando a satisfação. Daí as diversas formações de compromisso, os sintomas, que atendem simultaneamente aos desejos que buscam satisfação, às proibições da lei e exercem a devida punição.

Decorrente do assassinato do pai de horda primitiva e da internalização de suas normas, a lei que rege o mundo interno e externo é uma só, como Freud estabeleceu em *Totem e tabu*.

Alice insiste para que a lei (as regras) seja obedecida e respeitada. Talvez por não ter sido uma fiel cumpridora – pois a transgredia com sua agressividade oral, seus ataques destrutivos contra a mãe e o pai, sua vontade de lhes tomar o poder –, esperaria encontrar no mundo dos adultos o império da razão e da lei, que a ajudaria a melhor lidar com suas paixões. Fica perplexa ao encontrar ali as mesmas caóticas dificuldades conhecidas da infância. O horror é a descoberta de que os adultos não são tão diferentes dela mesma, os adultos são também crianças desobedientes.

Em *Alice*, Carroll fala da loucura disseminada própria da realidade humana. Num mundo insensato, é impossível não o ser também um pouco. "Eu sou louco, você é louca, aqui somos todos loucos, se você não fosse não estaria aqui", diz para Alice o gato de Cheshire.

Alice descobre que a ambiguidade da linguagem reflete a ambivalência dos afetos. A crença no preto e branco da univocidade de sentido da língua tem de ser abandonada pela zona cinza dos sentidos cambiantes, circunstanciais, contingenciais dos jogos de linguagem. Da mesma forma, o puro amor ou o puro ódio, tão fáceis de lidar, precisam ser substituídos pela infinidade de combinações instáveis dos sentimentos que oscilam entre esses dois extremos.

Alice precisa desidealizar o mundo adulto – os pais – e aceitar a realidade da natureza humana, regida que é por Eros e Tanatos, perceber que a lei existe exatamente para dar conta dessas forças poderosas e que ela nunca é inteiramente obedecida, é sempre contestada e desafiada, ameaçada de destruição. Para que a lei nos defenda, nós temos de defendê-la.

Alice sofre ao ver a falha da lei, sua permanente denegação, lamenta que seja essa a verdade da lei. É-lhe difícil constatar que, ao contrário do que esperava, a lei é frágil, os poderosos a ignoram, os fracos a enganam. Embora entronizada e imprescindível, todos tentam burlar a lei. Frente a essa descoberta terrível e desconcertante, cabe-lhe vencer a decepção e não se desesperar com a loucura e a injustiça do mundo.

# Posfácio

*Chaim Katz*

Psicanálise, psicanálise, onde se inseparam teoria e prática (o que quer que sejam!), duradouro e intempestivo, permanência e irrupção, prazer e racionalidade, medida e desmesura. De modos bem especiais, claro. Onde a cultura pode ser criada ou "descoberta" a cada momento

Bem que Freud se recusava a distinguir civilização e cultura, o que levou outros sábios a se perguntarem por quê. Cultura entendida como o conjunto de produções e costumes advindo da luta e do encontro/desencontro com a natureza; civilização como um domínio especial de um grupo amplo, que homogeneíza um desses conjuntos de cultura e tende a universalizá-la. Lendo este livro de Sérgio Telles, temos algumas indicações para compreendê-lo. No escrito que sustenta o título central, acompanha-se uma viagem cômica, no seu mais antigo sentido grego, próximo do regime trágico "das coisas".

Quando Telles visita a casa vienense de Freud, estamos diante de urna estada hierática, uma tentativa ética de se aproximar mais ainda do vienense. Mas ela não se dá, pois é uma estada cindida.

226 POSFÁCIO

De saída, perturbada pelo alarido de uma professora e seus alunos, colegiais, em plena aula no espaço livre; Telles é levado a comprar produtos freudianos pertencentes à civilização ocidental no seu mais amplo sentido (lembranças, postais, chaveiros, livros), que constituem não apenas a ou uma memória representacional, como são seus afetos marcados; constatar que Freud era um "ser humano", que vivera num apartamento de prédio modesto; que o psicanalista "originário" sofrera das vicissitudes da política e decaíra com a idade. E que, por isto e outros, Telles não poderia, não pode nem jamais deverá se identificar inteiramente com seu Mestre. Pois não nos identificamos – ou é muito mais difícil fazê-lo – com a morte dos outros em nós, com os ruídos e cisões que nos multiplicam e espantam, com as doenças e misérias corporais dos outros que geralmente apenas nos representamos. Como fazer com as decepções que nossos mitos pessoais nos causam quando nos aproximamos deles em excesso!?

O psicanalista que o visita nesse apartamento está com ele positivamente identificado, mas só até certo ponto, pois qualquer identificação tem seus vazios, já o sabemos. Ainda mais, de saída, os psicanalistas lidamos com os desligamentos permanentes, os desnudamentos insistentes, com a solidão do discurso, pois a voz nunca se satisfaz em ser apenas linguagem, pois busca encaixar palavras para sempre insatisfatórias. A voz reclama um período de não representabilidade, uma infância que permanece para sempre. Também por isso, ensinou-nos a psicanálise que nosso saber está votado também para insoluções, apontamentos parciais. Somos conectivos, isso e mais isto, e mais aquilo e aquiloutro...

Terminada a procura de completude, um pouco decepcionante, vai, juntamente com a mulher, a um antiquário, de onde saem rapidamente. Isso que é identificação com o vienense, grande colecionador de antiguidades, redescobridor das Troias que nos assolam! O que é identificação, se Sérgio Telles não encontra, no brinquedo freudiano de guardar e colecionar velharias, o prazer que o Mestre teria? Sua procura mais verdadeira vai na direção de matar a fome. Onde? No novo! No Mcdonald's, produto e modelo exemplar dessa mesma sociedade de produção massiva e homogeneização cultural, de temporalidades velozes que tantas críticas e repulsas mereceu de Freud.

Daí se segue a outra parte da comédia, desta vez, inglesa. Ao visitar a residência londrina de Freud, em Maresfield Garden, o autor não nos informa o número da casa. Pois 20, número da casa, é mais e maior do que 19, número do edifício da Berggasse. Inconscientemente, nesta associação, 20 remete à doença e à morte. E aí se manifesta um saber bem especial, já que as reflexões de Sérgio Telles sobre sua própria maturidade e os limites que a idade lhe oferece o levam a um sentimento disperso. Que logo se transforma em ódio e inveja, manifestados expressamente em *Unbehaglichkeit*, conforme Freud apelidou tal sentimento.

Sérgio Telles, freudiano, nos oferece um bom exemplo disso. O autor planejara se sentir bem, ser reconhecido como discípulo e amigo, junto aos monumentos de seu herói. Pois, na atualidade, Viena escreve ou gostaria de parecer escrever uma nova história para seu filho ilustre e ilustrado, reconhecendo Freud, na medida em que coloca sua efígie numa nota de cinco schillings, que o homenageia como grande sábio. Mas essa é a outra face, bem suave e agradável, de terríveis eventos, cuja sociedade de psicanálise (Wiener Psychoanalytischen Vereinigung) não aceitou seus antigos membros judeus de volta depois da Segunda Guerra, conforme nos ensinou Helmut Dahmer. Receberia Freud?

Aqui nosso autor, Telles freudiano, poderia se ver às voltas com os ensinamentos de Walter Benjamin: "Nunca houve um monumento da cultura que não fosse também um monumento da

228 POSFÁCIO

barbárie". Cada nota com a fotografia de Freud esconde uma de suas irmãs mortas em campos de concentração e a nata dos psicanalistas austríacos e alemães que tiveram que escapar de seus países por causa do regime nazista e da *Anschluss* e que jamais foram reincorporados psicanaliticamente.

Ao visitar o monumento freudiano em Londres, sua casa-museu e mausoléu, Telles sabe complexificar no regime dos ensinamentos psicanalíticos, conjuntando-disjuntando. Inveja do desregramento da psicanalista gaúcha que fotografa livremente o espaço freudiano, estranhamento pelos dois jovens psicanalistas mineiros. Hostilidade pela voz dos psicanalistas brasileiros, que falavam e se moviam em tom alto. Sabemos que a intensidade excessiva da voz que nos incomoda aponta uma estranheza pelos outros que falam uma língua distinta da nossa. A voz, mesmo quando não a compreendamos significacionalmente, faz sentido de estranho, de estranheza, *Unheimlichkeit*.

Até então, Sérgio Telles nos indica o que temos que aprender com Freud. Pois nosso autor viajou em busca de um monumento idealizado, algo que só existe – quando se dá – no silêncio de uma biblioteca e na certeza de um raciocínio (na clínica, aprendemos sua inexistência). Mas que a experiência mais imediata – as pulsões, dizia Freud – recusa na sua multiplicidade. Quando não aceitou a ideia de um primitivo "sentimento oceânico" (de Romain Rolland e também de Ferenczi), Freud disse que o não agradável, o que se chamou em português de "mal-estar" (e em iídiche de *nishguit*), aparecia pelas três grandes fontes do sofrimento e do desagradável. Duas delas já tinham se anunciado com a emergência do desconforto causado pelos outros e a insuficiência das instituições em garantir e regular suas relações. Agora se instalava a debilidade do corpo do psicanalista, mostrando como a natureza afirmava suas regras próprias. Uma diarreia, com regras e normas especificas, independentemente de seu "possuidor", apressa o passo do nosso pensador viajante, que se vê ainda mais e menos freudiano. Sua afoiteza, contudo, de pouco lhe vale, pois achar e poder usar o vaso sanitário ainda deixou um problema: o mau cheiro da sua evacuação, sentido e reclamado por sua mulher. Mas isso que escapa da linguagem oral-articulada, essa outra característica odorífera das fezes, a chamada "merda", isso nos levará a, juntamente com os ensinamentos do livro, questionar os limites da razão e do pensamento. Pois isto também é *Dasein*, já o sabemos. Mas é o que diferencia psicanálise de filosofia.

Então, o autor estará num caminho outro. Os vários escritos nos ensinam muito. Mas preferi me deter neste, uma viagem diferente. Aprendemos com o Romantismo alemão a distinção entre a viagem ao ou para o exterior e a viagem interna (*aussere Reise / innere Reise*). No texto que rapidamente percorremos, a viagem escorregadia converge com a viagem geográfica, e seu resultado escapa da maionese, da geleia geral, dos deslizamentos infindáveis do viajar "por dentro" e das descrições intermináveis e localizadas das viagens de deslocamentos físicos. Mas a visão, absolutamente necessária, não nos informa sobre o Ser, ao menos nunca o bastante. Voltamos a Kant, que nos ensinou na *Crítica* (KRV) que a razão sem intuição é vazia e a intuição sem razão é cega.

Tal escrito nos oferece outra possibilidade de pensar/exercer a temporalidade psicanalítica. Que aqui não se faz mais pela circularidade temporal à moda da Grécia antiga, nem pela garantia do Espírito Absoluto, em que os momentos se remetem ao seu grande fim e finalidade (como em Hegel). Cada paisagem pode se remeter a uma teoria do trabalho das paisagens, e que não mais se garantem pelo tempo *a posteriori*. Se lermos esse escrito de mais perto, veremos que ele se quer destruidor da presença, produtor permanente de restos (Lacan), fazedor de sentido com detritos. Afirmador de

230 POSFÁCIO

razão às voltas com as descontinuidades permanentes do psiquismo. Saber fundador de uma temporalidade específica, que não se erige sobre continuidades ou processos teleológicos.

Assim, lemos Sérgio Telles como bom discípulo do Freud "iluminista sombrio" (como o chamou Yirmiyahu Yovel), produzindo suas paixões alegres. Na psicanálise, bons encontros se dão quando se fazem também e sempre nos regimes de agressividade e crueldade, pois só assim se expandem.

Portanto, toda civilização – e reaprendemos como a nossa civilização procura nos totalizar, neste movimento dito "globalização", fazer de qualquer cultura um homogêneo do mundializar – se vê rompida pelas culturas que a reinvadem e reinventam de modo permanente. Viajemos com este escrito, cuidando do "ser humano" dividido entre pulsões e desejo, que convergem e divergem constantemente.